監修者——加藤友康／五味文彦／鈴木淳／高埜利彦

［カバー表写真］
蒙古軍と戦う日本の将兵
（『蒙古襲来絵詞』模本）

［カバー裏写真］
日蓮木像と一遍立像

［扉写真］
一遍が書写した「二河白道の図」

日本史リブレット人 033

日蓮と一遍

予言と遊行の鎌倉新仏教者

Sasaki Kaoru
佐々木 馨

目次

日本人と蒙古襲来

今年、太平洋戦争が終って七九年目を迎えた。歳月とともに、戦争もしだいに風化しかねない。しかし、私たち日本人は、日本が加害国であると同時に、唯一の被爆国であることを世界に訴え続けなければならない。恒久的な平和を実現するために。

その戦争を素材にした映画が数あるなかで、一際、異彩を放っているのが市《いち》川昆《かわこん》監督の「ビルマの竪琴《たてごと》」ではなかろうか。敗戦を侵略先のビルマで聴いた部隊が親族の待つ祖国日本に引き揚げる前後を描いた名作である。そのなかで、竪琴が縁でビルマの少年と「心の絆」を結んだ安井《やすい》昌二《しょうじ》の演ずる水島上等兵だけは、その地を離れようとしなかった。上等兵はビルマへの償いと国境を越えた世界の平和を求めるため、みずから出家して、流血で土も岩も赤く染まったビルマで生涯を終えようと決意したのである。

水島上等兵に限らず、当時の兵士はみな日本の勝利を信じて出征していった。送り出す銃後の国民もその必勝を確信していた。当時の日本は、「神国《しんこく》日本」の一色に染まっていたのである。思うに、当時の日本には、明治以後、天皇制をバックボーンにした「神国日本」＝「帝国《ていこく》日本」という歴史的につくりだされた意識が厳然と存在していた。

では、この「神国日本」という国民的なイデオロギーは、明治以後にわかに創出されたのであろうか。否、そうではない。

「神国思想▲」とは、そもそも、三つの思想要素から構成されていた。その萌芽は、八世紀の「日本は神明擁護《しんめいようご》の国」と十世紀の「日本は国土の神聖《しんせい》な国」および「日本は天皇の統治する国」という価値観に求められる。この「神明擁護」と「国土の神聖視」および「神孫降臨《しんそんこうりん》」が三位一体《さんみいったい》となって、一つのナショナリズムとしての「神国思想」を形成したのが十三世紀の蒙古襲来《もうこしゅうらい》▲のときである。日本は蒙古襲来を契機にして、中国の「中華《ちゅうか》思想▲」に匹敵するナショナリズムを創出し

▼**神国思想**　日本は神々によって守護されるとともに天皇の統治する神聖な国であるとする、民族的価値観に彩られた一種の国家論。古代に芽生え、天皇制と密接にかかわりあいながら太平洋戦争の終結まで存続した。

▼**蒙古襲来**　世祖フビライのとき、国号を元《げん》と立てた元帝国は、一二七四（文永《ぶんえい》十一）年と八一（弘《こう》安《あん》四）年の二回にわたり、日本に服属を求めて出兵したが、暴風のため失敗した。

▼**中華思想**　中国に居住した漢《かん》民族が、周囲の各種族を「東夷《とうい》」「西戎《せいじゅう》」「南蛮《なんばん》」「北狄《ほくてき》」と文化的に蔑視しながら、みずからを世界の中央に位置づけ文化国家であるとした民族的価値観。

たのである。

たしかに、日本は対外戦争として、古代に白村江《はくそんこう》の戦い▲や織豊《しょくほう》期に文禄《ぶんろく》・慶《けい》長《ちょう》の役《えき》▲を経験している。しかし、国民全体にあたえた精神史的な影響という点で、太平洋戦争と深く結んでいるのは、やはり、鎌倉《かまくら》時代の蒙古襲来であろう。蒙古襲来という国難を回避した歴史的事実は、近代日本の日清《にっしん》・日露《にちろ》戦争▲のときにも「神国日本」の帝国軍人の精神的な支柱となっていた。日本の二十世紀の前半は、戦争が連続する時代であった。その折々に、帝国日本を支えたのが蒙古襲来時に創出された「神国思想」であった。

この画期的な意味をもつ蒙古襲来を実際に経験したのが、実は本書の日蓮（一二二二〜八二）と一遍（一二三九〜八九）である。この二人の宗教者は、蒙古襲来という時代の生き証人であった。宗教的個性の違う二人は、蒙古襲来の中世をどのように生きぬいたのであろうか。そのようすを、国家との関わりや信仰世界の観察をとおしながら、リアルに復元してみることにしよう。

▼白村江の戦い　六六三（天智《てんじ》二）年、唐《とう》・新羅《しらぎ》の連合軍に攻略された百済《くだら》の救援に向かった日本軍は、朝鮮西南部を流れる白村江（錦江《きんこう》の古名）で海戦を行ったが大敗し、その結果、百済は滅亡し、日本は朝鮮を放棄。

▼文禄・慶長の役　十六世紀末、豊臣秀吉《とよとみひでよし》が中国の明《みん》王朝の征討を目的に、朝鮮に服属と明への先導を要求して起こした侵略戦争。一五九二（文禄元）年と九七（慶長二）年にわたる侵略を朝鮮では「壬《じん》辰《しん》・丁酉《ていゆう》の倭乱《わらん》」と呼んだ。

▼日清・日露戦争　一八九四（明治二十七）年に朝鮮の領有をめぐって清王朝と交戦したのが日清戦争。一九〇四（明治三十七）年に満州《まんしゅう》支配と韓国進出を狙うロシアとのあいだに行われたのが日露戦争。両戦に勝利した結果、日本の国際的地位が高まった。

①――二人の歴史環境――中世国家と宗教

神祇信仰は「体制」度をはかる物差

既述したように、八～十世紀の古代社会に芽生えた「神明擁護《しんめいようご》」「国土の神聖《しんせい》視《し》」「神孫降臨《しんそんこうりん》」の三要素からなる神国《しんこく》思想という名の神祇《じんぎ》信仰。この自文化ともいうべき日本的な神祇信仰は、周知のように、異文化たる仏教の受容時に、その芽生えを始めていた。例の仏教受容をめぐる開明派・蘇我《そが》氏の「崇仏派《すうぶつ》」と保守派・物部《もののべ》氏などの「排仏派《はいぶつ》」との対立である。この対立は、言葉をかえていえば、日本的な「神」か異国の「仏」かをめぐる二者択一の抗争であった。

こうした「神か仏か」という対立構図を背景にしながら、聖徳太子《しょうとくたいし》▲の仏教理解や律令《りつりょう》国家の鎮護《ちんご》国家仏教政策が展開した。この推移のなかに「神仏習合《しんぶつしゅうごう》」▲が奈良朝に進行し、平安《へいあん》朝にはいって、それが神と仏の関わりを具体的に明示した「本地垂迹《ほんじすいじゃく》」説▲へと発展していったことは多言を要しない。

このような「神と仏」の関係のなかで、決まって体制側が民衆支配の正当化の具として用いるのが神祇信仰であった。たとえば、一〇七二（延久《えんきゅう》四）年のころ、

▼聖徳太子　五七四～六二二年。用明《ようめい》天皇の第二皇子で「上宮王《じょうぐうおう》」ともいう。六〇三（推古《すいこ》十一）年の冠《かん》位十二階《いじゅうにかい》、翌年の十七条憲法の制定、六〇七（同十五）年に小野妹子《おののいもこ》の遣隋使《けんずいし》派遣、さらには仏教興隆につとめるなど、推古天皇の摂政《せっしょう》として内外の政治・文化を整備した。

▼神仏習合　異文化として受容された仏教信仰と日本固有の神祇信仰とを融合調和させるために唱えられた教え。奈良時代に始まった神宮寺《じんぐうじ》や、平安時代の本地垂迹説などはその具体的な表れである。

▼本地垂迹説　奈良時代の神宮寺の建立につぐ神仏習合思想の一つで、阿弥陀如来《あみだにょらい》の垂迹が八幡神、大日如来《だいにちにょらい》の垂迹が伊勢《いせ》大神などと仏菩薩（本地）が日本の神（垂迹）の姿であらわれたとする神仏習合説。

荘園領主《しょうえんりょうしゅ》の石清水八幡宮《いわしみずはちまんぐう》▲とその荘民《しょうみん》とのあいだに次のようなことが持ち上がった。旱魃と病患に悩んだ荘民がある日、祈禱《きとう》をしたところ、神は「我この八幡垂迹の別宮、しかるに住人その勤めをなさず、これにより、我いたす所の禍難なり」(原漢文)と託宣した。そこで住人が神を祭るや、すかさず五穀《ごこく》は成熟し、郷土は安穏《あんのん》になったという(『平安遺文』三巻、一〇八三号、原漢文)。これは、石清水八幡宮が神祇信仰をよりどころにして、住人が年貢《ねんぐ》や寺役を対捍《たいかん》すれば、神の計らいによって災いが起こることを恫喝《どうかつ》したものにほかならない。表現をかえていえば、荘園領主である権力側が、神祇信仰を背景に、その支配と収奪を宗教的に正当化し、もって荘民＝住人たちを荘園制支配の底辺に呪縛《じゅばく》しようとしたのである。体制側は、神祇信仰をみずからの支配イデオロギーと位置づけていたのである。

石清水八幡宮と同じく、古代権力側の「神祇信仰」のイデオロギー化を、私たちは古代仏教界にもみいだすことができる。法然《ほうねん》▲が『選択本願念仏集《せんじゃくほんがんねんぶつしゅう》』▲を著わし、浄土宗《じょうどしゅう》を開示したときの古代仏教の両雄である法相宗《ほっそうしゅう》の解脱房貞慶《げだつぼうじょうけい》と華《け》厳宗《ごんしゅう》の明恵《みょうえ》による法然批判がそれである。貞慶は九カ条にわたる「興福寺《こうふくじ》奏《そう》

▼**石清水八幡宮**　京都府綴喜《つづき》郡八幡《はちまん》町にあり、祭神《さいじん》はホンダワケノミコト、八五九(貞観《じょうがん》元)年に僧行教《ぎょうきょう》が大分県の宇佐《うさ》八幡宮を勧請《かんじょう》したのに始まる。朝廷から伊勢につぐ崇敬を受けるとともに、源氏の氏神《うじがみ》として武家の崇敬も集める有力な荘園領主でもあった。

▼**法然**　一一三三〜一二一二年。浄土宗の開祖。美作《みまさか》国(岡山県)押領使《おうりょうし》の漆間時国《うるしまときくに》の子、九歳のとき、父の遺言で出家、一五歳で比叡山《ひえいざん》にはいる。『観経疏《かんぎょうしょ》』に接して開眼、源信《げんしん》の『往生要集《おうじょうようしゅう》』により浄土宗開立を決意し、専修念仏を説く。

▼**『選択本願念仏集』**　浄土宗の根本聖典《せいてん》で、法然の著。二巻よりなり、諸行《しょぎょう》のうちから念仏を選択し、念仏門こそが末代相応の法門であると説き、「他力本願」の奥旨《おうし》を強調。九条兼実《くじょうかねざね》の求めに応じて著わされたと伝えられる。

法然上人画像　一般に「往生要集披講の御影」と呼ばれている。

明恵像　法然の浄土宗開示を『摧邪輪』のなかで論破した。

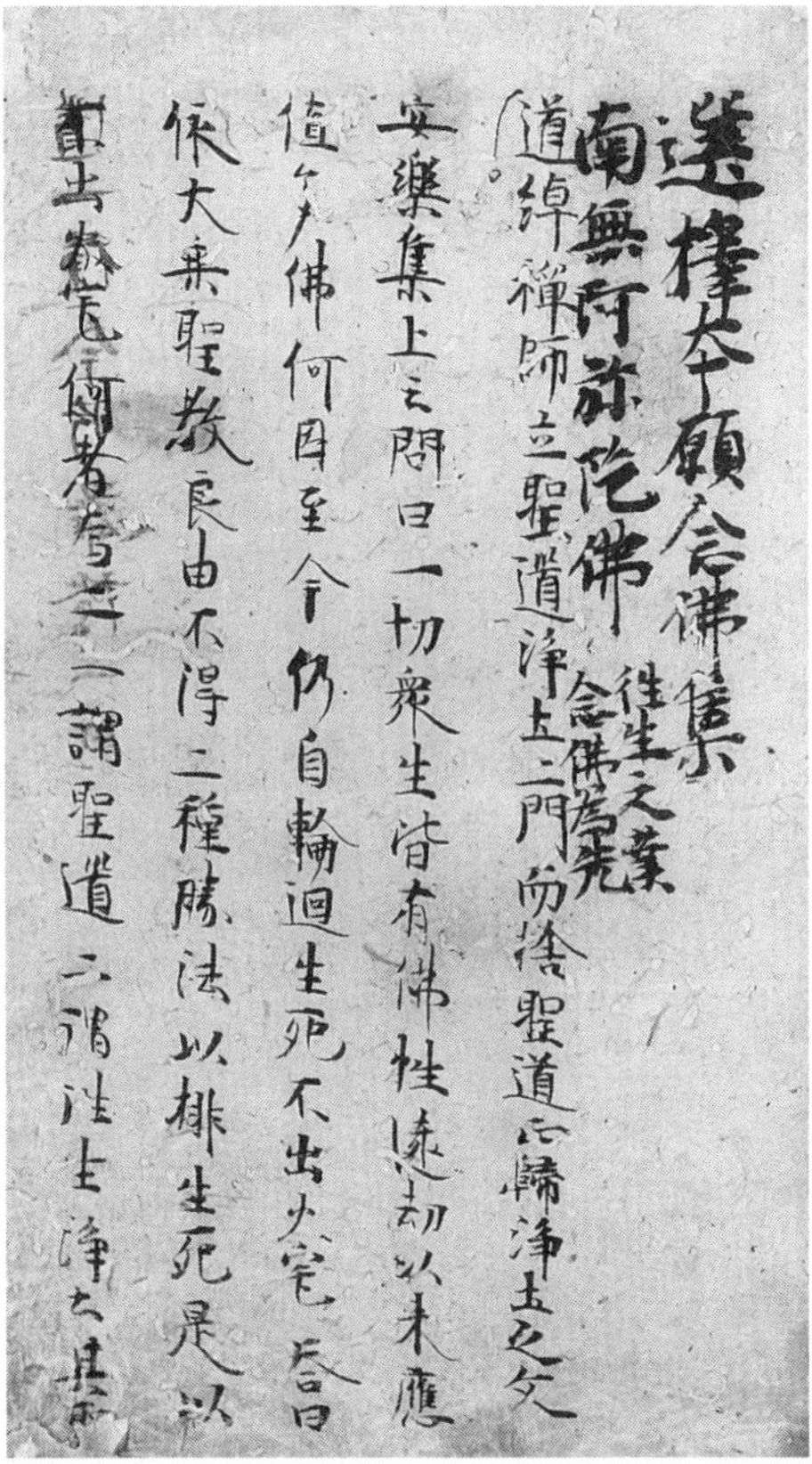

選擇本願念佛集
南無阿彌陀佛　往生之業 念佛爲先
道綽禪師立聖道淨土二門而捨聖道正歸淨土之文
安樂集上云問曰一切衆生皆有佛性遠劫以來應
値多佛何因至今仍自輪迴生死不出火宅答曰
依大乘聖教良由不得二種勝法以排生死是以
不出火宅何者爲二一謂聖道二謂往生淨土其

『選択本願念仏集』草稿本　法然の浄土宗開示を考えるうえの根本史料。

状《じょう》」を書き上げ、そのなかの第五条の「霊神を背く失」において、法然の「神祇不拝」を徹底的に糾弾した。これは、前の石清水八幡宮と同じく「神祇信仰」の崇信に基づく体制的な正当化の営みである。

この貞慶と「太郎・次郎」の関係にある東大寺《とうだいじ》の明恵も『摧邪輪《さいじゃりん》』▲を著わし、法然に批判を加えた。その一節の「善神国を捨て、悪鬼国に入れば、三災興こり、十善を廃す」(原漢文)は、前の「神明擁護」の表明である。古代天皇権力と「王法仏法」の相即《そうそく》論理で一体化する古代仏教界は、このように、神祇信仰の信愛をとおして、体制支配を正当化していた。

それでは、日本中世において、天皇・公家《くげ》権力ともども、もう一方の公権力を担う鎌倉幕府の「神祇信仰」に対する考え方はどうであろうか。鎌倉幕府が北《ほう》条執権《じょうしっけん》の時代、泰時《やすとき》▲の世に、日本初の武家法《ぶけほう》である「関東御成敗式目《かんとうごせいばいしきもく》」(貞永《じょうえい》式目)を制定した。そして、この五一カ条の第一条のなかに「神社を修理し、祭祀《さいし》を専らにすべき事」を成文化したことも、よく知られているところである。

このことについて、つとに中世史の泰斗石母田正《たいといしもだしょう》が『中世政治社会思想』上(岩波「日本思想大系」)において、「貞永式目」を「鎌倉政権が一個の公権力として

▼**『摧邪輪』**　明恵高弁《こうべん》が一二一二(建暦《けんりゃく》二)年に著わした念仏批判の書。明恵は鎌倉新仏教の革新運動の旗手となった法然の『選択本願念仏集』を読み、邪見に満ちていると論破。菩提心《ぼだいしん》を失する過失、聖道門《しょうどうもん》を群賊にたとえた過失を糾弾。

▼**北条泰時**　一一八三〜一二四二年。鎌倉幕府三代執権。義時の子。承久《じょうきゅう》の乱《らん》には幕府軍の将として上京、引き続き六波羅探題《ろくはらたんだい》として事後処理にあたる。一二二四(元仁《げんにん》元)年、評定衆《ひょうじょうしゅう》を設置し、一二三二(貞永元)年、「御成敗式目」(五一カ条)を定め武家法のいしずえを築いた。

自己を確立するための法典である」と位置づけたうえで、次のような趣旨の指摘をしたことがある。

「貞永式目」の第一条の成文化は、律令制国家の統治権の不可分の一部をなしてきた諸国の祭祀権を、「鎌倉殿《どの》の祭祀権」として法のなかに確定したことにほかならない、と。

ここに、私たちは鎌倉幕府が朝廷という上からの権限付与ではない、現実の歴史的営みのなかに、みずから国家権力の担い手に必要不可欠な「宗教的祭祀権」を「神祇信仰」の信受という形でつくりだし、もって一個の自立した国家権力者たらんとしたことを確認できる。

このように、古代天皇権力はもとより中世の武家王権である鎌倉幕府においても、みずからの支配の正当化のために「神祇信仰」を受容していた。してみれば、日本古代~中世の国家と宗教の位相関係を測定する基準として、「神祇信仰」の信と不信という物差が存在していたといえよう。

日本中世の五つの思想空間

この神祇信仰を物差にして日本中世の国家と宗教の相関図を紹介するにさきだって、どうしてもふれておかなければならない学説がある。黒田俊雄《くろだとしお》の「顕《けん》密《みつ》体制」論▲である。黒田は、九世紀に芽生え、十一世紀に成立する全宗教の統合体を「顕密体制」論と規定し、「天台本覚《てんだいほんがく》思想が顕密主義の典型であり、天台宗が顕密体制の代表的存在」と性格づける一方、「中世においては、ほかならぬ顕密主義がそういう正統的地位にあった」とも力説された。

黒田の描く鎌倉新仏教の誕生とは、こんな世界であった。「異端＝改革運動は……本覚思想に対して直接的かつ全面的に異質であるはずはなく、むしろ同一の論理を部分的に偏頗に強調しあるいは『別立』することによって異質的となっている」ものだ、と。黒田にとって、鎌倉旧仏教こそが正統であり、新興の新仏教は異端の宗教にほかならなかった。

この明治以後の日本中世宗教史研究を一新させた「顕密体制」論は、分野を越えて多方面に大きな衝撃をあたえたことは、いうまでもない。私もこの「顕密体制」論に多くを学びつつも、西欧中世教会史に典型を求めた「正統と異端」の

▼**顕密体制論**　中世史家黒田俊雄が提唱した日本中世政教史論。明治期以後の鎌倉仏教の研究は旧仏教を無視してきたとし、その旧仏教こそ「正統」、新仏教は「異端」であるとし、古代〜中世の宗教の核は天台密教にあったと主張。

論理がはたして、日本中世宗教の歴史的風土にそのまま適応できるかどうか、あるいは旧仏教と新仏教の「正統と異端」をめぐる共通の土俵と想定される「本覚思想」がはたして、新・旧仏教を腑分けする思想的な物差となっているかどうかなどの疑問を禁じえなかった。

そこで私は、前の「神祇信仰」を「本覚思想」にかわるものとして、中世国家と宗教の相関関係をはかる物差として措定してみた。すなわち、「神祇信仰」を受容する国家権力を「体制宗教」、それを排斥するものを「反体制宗教」、それを超越するものを「超体制宗教」と大局的には三つの宗教群に類型化したのである。この三つの宗教群も、現実の歴史的な営みとしては、「体制宗教」が天皇・公家社会と武家社会の併存からして、「公家的体制宗教」と「武家的体制宗教」とに両分されるし、「反体制宗教」の伝道を受けた民衆にも、独自の信仰世界が存在したことを考えれば、現実の思想空間としては、次ページ図の「中世宗教の基本的構図」のように五つの空間から構成されていた。

鶴岡八幡宮　鎌倉幕府の宗教センター。

伝源頼朝像

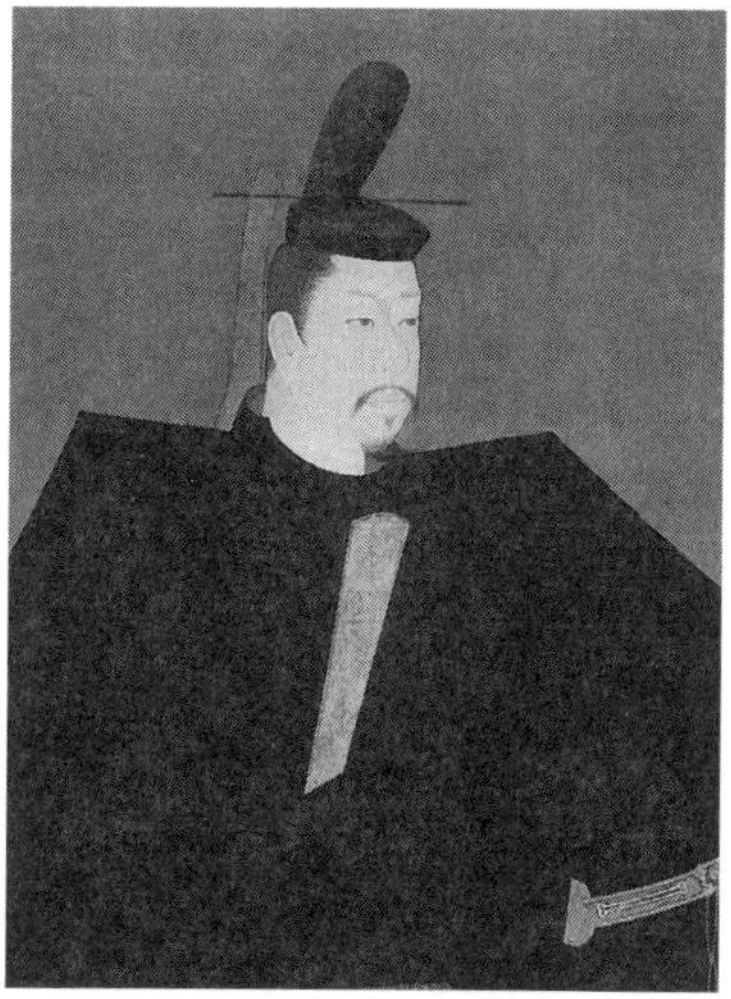

中世宗教の基本的構図

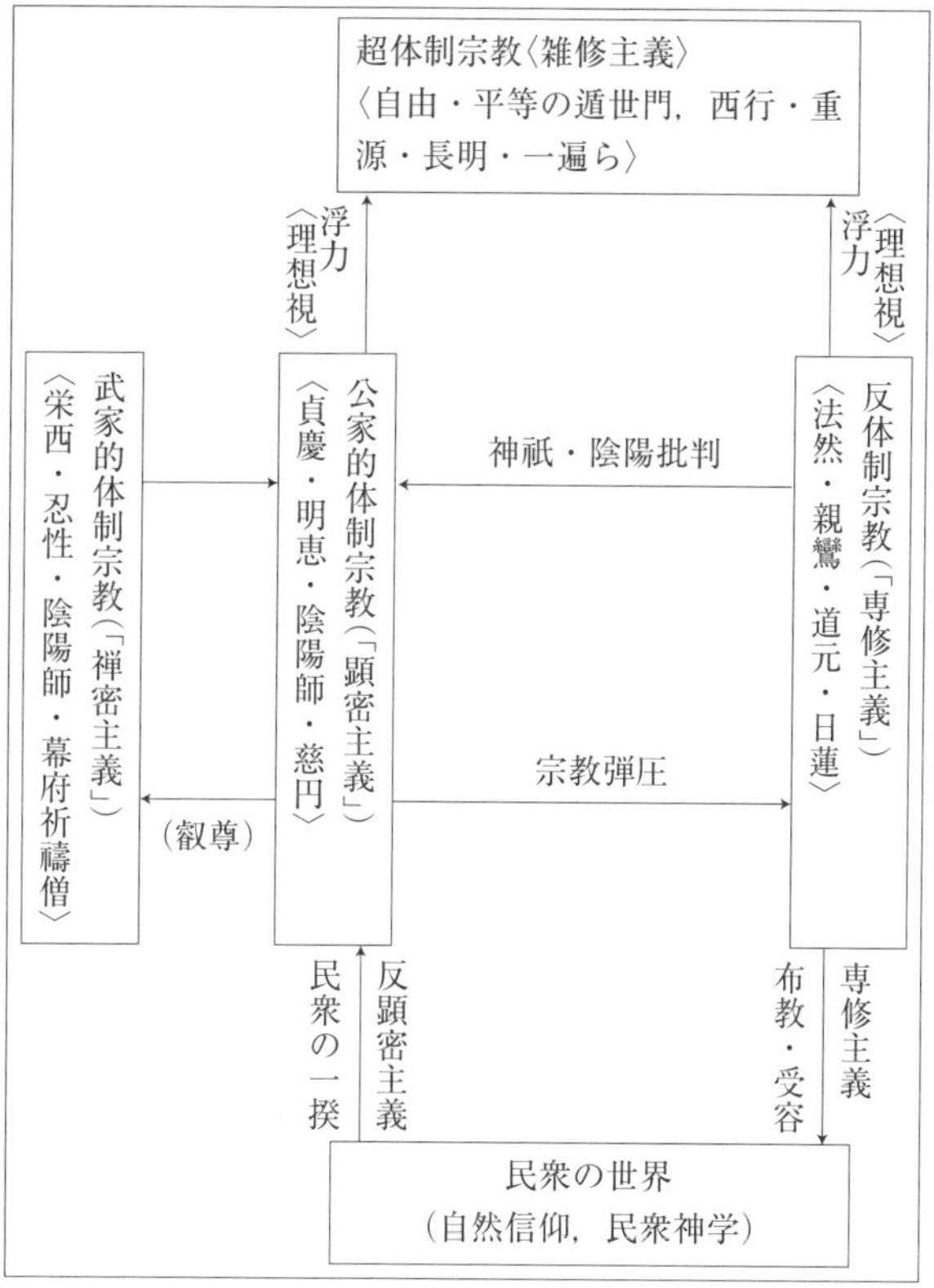

二つの「体制宗教」

つぎに、その五つの思想空間の概要をのぞいてみることにしよう。まず、「体制宗教」の一半たる天皇・公家社会の宗教世界を標榜する「公家的体制宗教」について。この思想空間は、さきの黒田俊雄が提唱した「顕密主義」を具現化したものであり、「体制宗教」であるから当然のごとく、日本的な神祇信仰を信受する思想空間である。仏教宗派的には、天台密教《みっきょう》を基軸に展開するが、その主たる担い手をあげれば、前掲の解脱房貞慶と明恵がそうである。実はこの二人にも増して、より高い政治的レベルにおいて「公家的体制宗教」者である人がいる。それは『愚管抄《ぐかんしょう》』▲の著者の天台座主《ざす》慈円《じえん》▲である。

慈円は、保元《ほうげん》の乱《らん》後を「武士ノ世」の到来と受けとめ、藤原《ふじわら》氏の一員としての「家《いえ》意識」を内に秘めつつ、仏教のあるべき姿を「タヾセンハ仏法ニ王法ヲバマモランズルゾ。仏法ナクテハ、仏法ノワタリヌルウヘニハ、王法ハヱアルマジキゾ」と開陳した。また、天皇の歴史的位相について、「日本国ノナラヒ、国王種姓ノ人ナラヌスヂヲ国王ニハスマジト、神ノ代ヨリサダメタル国ナリ」とも吐露した。前者は「王法仏法相依《そうい》」論そのものであり、後者は皇室以外に日本国

▼**『愚管抄』**　天台座主慈円の著。承久の乱の前年（一二二〇年）に成立した中世の代表的な史論書。年代記二、本文四、付録一の七巻で構成。道理と末法思想および百王思想に基づき、日本歴史を叙述し、公武合体を説いた。

▼**天台座主慈円**　一一五五～一二二五年。鎌倉初期の天台宗の僧。藤原忠通《ただみち》の子、九条兼実の弟。一一九二（建久《けんきゅう》三）年以来、四回も天台座主に就任。藤原氏の立場から『愚管抄』を著わし、承久の乱の回避を説いたことでも有名。

▼**安徳天皇**　一一七八～八五年。高倉《たかくら》天皇の第一皇子で在位は一一八〇～八五年、第八十一代。母は平清盛《たいらのきよもり》の娘建礼門院徳子《けんれいもんいんとくこ》、一一八三（寿永《じゅえい》二）年の木曽義仲《きそよしなか》の入京に際し、平氏《へいし》に擁せられて西海に落ち、八五（文治《ぶんじ》元）年の長門《ながと》壇《だん》ノ浦《うら》で平氏一門と入水。

王の世系はないとする「神孫降臨」の再確認でもある。こうした典型的な「公家的体制宗教」者の慈円であったればこそ、安徳《あんとく》天皇▲の入水《じゅすい》による宝剣《ほうけん》喪失の「今ハ色ニアラハレテ、武士ノキミノ御マモリトナリタル世ニナレバ、ソレニカヘテウセタルニヤトヲボユル也」ととらえ、武士＝宝剣と規定したのも、むべなるかなと思われる。

次は、もう一半の「体制宗教」である「武家的体制宗教」なる思想空間である。ここでは、この空間も「体制宗教」であるがゆえに、既掲のごとく「貞永式目」の第一条において神祇信仰を信受していたことだけを確認（次項で詳述）し、三つ目の「反体制宗教」の世界を概観しよう。

「反体制宗教」と「超体制宗教」

この世界の代表的な担い手は、黒田の「顕密体制」論では、異端仏教者と目された親鸞《しんらん》▲と道元《どうげん》▲および日蓮である。私は彼らを日本的な神祇信仰に対して不拝を唱えたがゆえに「反体制仏教」者と呼ぶ。日蓮については、次章で詳述するので、ここでは親鸞と道元についてその「反体制仏教」者ぶりをながめてみよう。

▼**親鸞**　一一七三〜一二六二年。鎌倉初期の浄土真宗の開祖。京都の日野有範《ひのありのり》の子と伝える。青年時代に比叡山の学僧として修学中、法然の専修念仏に帰依。一二〇七（承元元）年の「承元の法難」で法然に連坐《れんざ》し、越後《えちご》に配流《はいる》。非僧非俗の絶対他力の念仏を説いた。

▼**道元**　一二〇〇〜五三年。鎌倉初期の曹洞宗の開祖。父は久我《くが》通親《みちちか》、母は藤原基房《もとふさ》の娘。一三歳で比叡山で出家、建仁寺《けんにんじ》で栄西に師事したのち、一二二三（貞応二）年に入宋し曹洞禅を学ぶ。帰国後、越前志比荘《えちぜんしびのしょう》の地頭波多野義重《じとうはたのよししげ》に招かれ永平寺《えいへいじ》を創建。超俗的な只管打坐の禅を説いた。

親鸞像　親鸞の生存中の姿を伝えるとされ、一般に三河《みかわ》国安城《あんじょう》に伝来したことから、「安城御影《みえい》」と呼ばれる。

後鳥羽上皇像

道元禅師肖像

まず、自力《じりき》でもなく他力《たりき》でもない「不撰の撰」という絶対他力の世界を構築した親鸞は、王権観についてこう語っている。「興福寺《こうふくじ》の学徒、太上《だいじょう》天皇、今上《きんじょう》、承元丁卯《じょうげんていぼう》の歳、仲春上旬の候に奏達す。主上臣、法に背き義に違し、忿をなし怨を結ぶ」（『教行信証《きょうぎょうしんしょう》』▲）。これは、師法然の『選択本願念仏集』を批判した貞慶が「興福寺奏状」をなした結果、師ともども「承元の法難《ほうなん》」に遭遇したことを回想した一節である。最後尾の一文が後鳥羽院《ごとばいん》▲と土御門院《つちみかどいん》▲を中心にした「公家的体制宗教」という天皇王権を批判したものであることは明瞭である。この批判は、弥陀《みだ》世界の構築と対峙する天皇王権に対する相対化の営みであった。親鸞はこれと同時に、「仏に帰依《きえ》せば、終《つい》にまたその余のもろもろの天神《てんじん》に帰依せざれ」（「正像末法和讃《しょうぞうまっぽうわさん》」）と、神祇不拝を表示しながら、弥陀一仏の専修《せんじゅ》主義こそが唯一至上の思想空間であるとも説いた。

つぎに、只管打坐《しかんたざ》の坐禅《ざぜん》の実践こそ仏法の正門ととらえた道元の宗教世界はどうであろうか。坐禅の結果、証（悟り）が実現するのではなく、坐禅そのものが悟りであるとする道元の「修証一如《しゅうしょういちじょ》」という思想的立場にあっては、坐禅以外のすべての営みは次のように喝破《かっぱ》される。

▼**『教行信証』**　正しくは「顕浄《けんじょう》土真実教行証文類《どしんじつきょうぎょうしょうもんるい》」という。浄土真宗の根本聖典で親鸞の著、六巻。一二二四（元仁《げんにん》元）年成立と伝える。真実教・真実行・真実信・真実証・真仏土・化身《けしん》土の六部からなり、浄土真宗の教義を解説した書。

▼**後鳥羽院**　一一八〇〜一二三九年。高倉天皇の第四皇子、在位一一八三〜九八年、第八十二代。一一九八（建久九）年、土御門天皇に譲位し院政《いんせい》をとる。その間、朝権回復を画して西面武士《さいめんのぶし》を設置し、一二二一（承久元）年の承久の乱で敗北し、隠岐島《おきのしま》に配流。和歌《わか》にすぐれ『新古今和歌集《しんこきんわかしゅう》』を撰した。

▼**土御門院**　一一九五〜一二三一年。後鳥羽天皇の第一皇子、在位は一一九八〜一二一〇年、第八十三代。父上皇の討幕計画に積極的でなかったが、みずから望んで土佐《とさ》に配流、のち阿波《あわ》に移り死去。

「仏法を国中に弘通《ぐつう》すること、王勅《おうちょく》をまつべしといゑども、ふたたび、霊山《りょうぜん》の遺嘱をおもへば、いま百万億刹に現出せる王公相将、みなともにかたじけなく、仏勅《ぶっちょく》をうけて、夙生《しゅくしょう》に仏法を護持する素懐をわすれず、生来するものなり」(『正法眼蔵《しょうぼうげんぞう》▲　弁道話《べんどうわ》』)。

道元は「公家的体制宗教」のよって立つ「王法仏法相依」論をこのように排し、王勅よりも仏勅を優先し、ひいてはその施化の境域すべてを仏国土とする仏法至上主義を高称したのである。この思いは当然のことながら、幕府の「武家的体制宗教」の世界にも通底するものであり、その意味で、道元も前の親鸞と同じく、公武《こうぶ》の「体制宗教」を相対化する専修主義に基づく「反体制宗教」者であった。

いわゆる鎌倉新仏教の反体制的な宗教運動が徐々にではあれ、民衆の心をとらえて一定の信徒数に達するとき、そこに「教団」が形成される。日本中世宗教史のその最たる事例が一四八八(長享《ちょうきょう》二)年に加賀国《かがのくに》を坊主持《ぼうずもち》の国へと導いた一向一揆《いっこういっき》▲であることや、一五三二(天文《てんぶん》元)年に京都の日蓮宗《にちれんしゅう》が山科《やましな》の本願寺《ほんがんじ》▲を焼いて京都町衆《まちしゅう》のいしずえを築いたことに求められることは、人のよく知ると

▼**『正法眼蔵』**　曹洞宗開祖の道元の法語集。一二三一(寛喜《かんぎ》三)年から五三(建長《けんちょう》五)年にいたるあいだ、山城《やましろ》の深草安養院《ふかくさあんにょういん》・興聖《こうせい》寺《じ》、永平寺などで記したもの。曹洞禅の本質・伝統・規範などについて詳しく論じた仏教哲学の大著で、全九五巻。

▼**一向一揆**　戦国時代に一向《いっこう》宗《しゅう》(浄土真宗)の門徒が起こした一揆。本願寺八世蓮如《れんにょ》の代から、国《こく》人《じん》・地侍《じざむらい》・名主《みょうしゅ》らを中心にした一向宗徒と守護大名《しゅごだいみょう》との対立が激化。なかでも、一四八八(長享《ちょうきょう》二)年守護富樫政親《とがしまさちか》を倒した加賀《かが》一向一揆が有名。

▼**本願寺**　浄土真宗の本山《ほんざん》。開祖親鸞の死後一〇年の一二七二(文永九)年、娘の覚信尼《かくしんに》が東山大谷《ひがしやまおおたに》に木像を安置した御影堂《みえいどう》に始まる。八世蓮如のとき、叡山衆徒《しゅと》により破却されたが、京都山科《やましな》に再興。以後、兵火により大坂石山《いしやま》に

ころである。

この二つは、鎌倉期の親鸞の浄土真宗《じょうどしんしゅう》と日蓮の日蓮宗という「反体制宗教」が教団化した結果としての民衆レベルにおけるもう一つの「反体制宗教」の営みである。本書でいう五つ目の民衆によって彩られた「反体制宗教」の空間である。民衆の彩るこの「反体制宗教」も、なにも教団のなかだけに生成するものではない。民衆の日常生活のなかに脈々と芽生える素朴な心情をとおしてつくりだされるものでもあった。

『今昔物語集《こんじゃくものがたりしゅう》』▲巻十六の説話群の世界がその恰好な事例である。そこには、民衆が観音《かんのん》菩薩《ぼさつ》の夢告がないことを恨む話で満ちあふれている。こうした説話集に散見する民衆が神々をプロテストする(「恨む」)心情こそ、現当二世の行為を因果応報的に説く「顕密主義」の「公家的体制宗教」を排除するところに生じたものであることはいうまでもない。

「反体制宗教」の担い手は、多くの場合、一定の教理体系をもって専門的な宗教達人もしくはその信徒である。それに対して、民衆の自己解放は極限の生活苦から噴出した悲痛の叫びである。神学体系をもたない彼らの叫びは「顕密主

移り、織田信長《おだのぶなが》と争い焼亡。豊臣秀吉の寄進で京都堀川通《ほりかわどおり》に西本願寺、徳川家康《とくがわいえやす》の寺地寄進で京都烏丸《からすま》に東本願寺を創建。

▼**『今昔物語集』** 仏教説話集。編者を源隆国《たかくに》とする説もあるが確かではない。成立は一一〇六(嘉《か》承《しょう》元)年〜十二世紀の前半らしい。インド・中国・日本の三国にわたる古今の仏教・世俗説話を集録したもので説話史上、最大のもの。

義」の仏教界による呪縛からの解放を求める声であり、そのかぎりで、もう一つの「反体制宗教」であった。

最後の五つ目の思想空間は、神祇信仰に対する信と不信を越えた「超体制宗教」である。この空間の住人は、現世における呪縛と執着から解き放たれ、自由の人となろうとする遁世者《とんせしゃ》である。その代表的な住人は、たとえば、思弁的な「超体制」ぶりを作歌のなかに発揮しつつ活動的な勧進《かんじん》を旅のなかに追求した歌聖西行《かせいさいぎょう》▲である。入宋《にっそう》すること三度、平氏《へいし》による焼打ち▲をこうむった南都《なんと》の修復に身を挺し、造東大寺勧進職《ぞうとうだいじかんじんしき》に就いた俊乗坊重源《しゅんじょうぼうちょうげん》▲もまた、中世に自由を求めた「超体制宗教」者であった。この重源と対極に位置する「超体制宗教」者が鴨長明《かものちょうめい》▲であろう。その静なる遁世の心情を、長明はかの『方丈記《ほうじょうき》』のなかでこう吐露していた。

魚は川に飽かず。魚にあらざれば、その心を知らず。鳥は林をねがふ。鳥にあらざれば、その心を知らず。閑居の気味もまたおなじ。住まずして誰かさとらむ。

信と不信、浄と不浄という相対的な事象を止揚し、その現実的対立を超越す

▼**西行**　一一一八〜九〇年。平安末期の歌人。『新古今和歌集』の代表的歌人の一人。俗名が佐藤義清《さとうのりきよ》、鳥羽上皇《とばじょうこう》の北面武士《ほくめんのぶし》だったが、二三歳のとき出家して諸国を行脚《あんぎゃ》。自然歌人といわれるなかにも人間臭さを残す。家集に『山家集《さんかしゅう》』。

▼**南都焼打ち**　一一八〇(治承《じしょう》四)年、平氏政権が行った奈良の寺院勢力討伐事件。平重衡《しげひら》を将とする討伐軍が、反平氏勢力として蜂起した寺院勢力を一掃した。その結果、東大寺大仏殿《だいぶつでん》や興福寺《こうふくじ》の堂舎・僧房がことごとく焼失。

▼**重源**　一一二一〜一二〇六年。鎌倉初期の浄土宗の僧。俊乗坊という。法然に浄土教を学んだのち入山し土木建築の技を修得。一一八一(養和《ようわ》元)年、南都焼打ちで焼失した東大寺再建のため、造東大寺勧進職に補任。周防《すおう》など諸国の民衆教化や救済などの社会事業を推進。

▼**鴨長明**　一一五三〜一二一六年。鎌倉時代の歌人。法名は蓮胤《れんいん》。下賀茂《しもかも》神社の禰宜《ねぎ》長継《ちょうけい》の子、後鳥羽上皇の和歌所寄人《よりうど》。禰宜の夢かなわず出家し大原山《おおはらやま》に入山。その後、鎌倉にくだったが社会変革を体験し日野《ひの》の外山《とやま》に草庵《そうあん》を結び『方丈記』を著わす。

べく「えらばず」「きらはず」に止揚面の価値を選択したのが本書の主人公一遍である。その一遍の「超体制宗教」者としての宗教世界は章を改めて詳しく追跡していくことにし、ここでは、「武家的体制宗教」の世界を構築し、もって、天皇王権と併存するもう一つの王権を創成した「武家王権」＝鎌倉幕府の宗教世界を探ってみることにしよう。

鎌倉幕府の宗教世界

黒田俊雄はその「顕密体制」論のなかで、鎌倉幕府の宗教史的位相について、こう述べた。

「頼朝《よりとも》にはじまる鎌倉幕府も、その権門《けんもん》としての宗教政策は原則的に公家のそれと異なるものではなかった」とか、「鎌倉幕府は基本的にはあくまでも顕密体制に立脚し、すすんでそれを擁護した権門であった」（『日本中世の国家と宗教』）と。

私はこれについても前の「正統・異端」論と同様、少しく疑義を禁じえず、結論的に次のような指摘をしたことがある。

鎌倉幕府の宗教政策は、鶴岡《つるがおか》八幡宮の別当職《べっとうしき》▲補任《ぶにん》と臨済禅《りんざいぜん》に着目するとき、幕府には黒田の説く天台密教による「顕密体制」とは異質で独自の宗教政策たる臨済禅と真言密教の和合する「禅密主義」を基調とする「武家的体制宗教」の世界が存在していた（『中世国家の宗教構造』）と。

この自説をもとに、幕府の宗教世界へ案内してみよう。源《みなもと》頼朝は開府後、ただちに種々の宗教儀礼の採取に着手する。たとえば、正月朔旦《さくたん》の鶴岡宮への奉幣《ほうべい》、正月八日の幕府での心経会《しんぎょうえ》、正月の伊豆《いず》・箱根《はこね》への二所詣《にしょもうで》、八月十五日の鶴岡八幡宮の放生会《ほうじょうえ》など。これらは幕府の全時代にわたって年中行事的に挙行され続けた典型的な宗教儀礼である。その主要な宗教儀礼の場は、多くの場合、鶴岡八幡宮であった。宗教儀礼の挙行にあたっては、一定の御家人《ごけにん》が「鎌倉殿」に随従した。そこに、幕府ならではの鶴岡八幡宮を媒体とする将軍と一般御家人との精神的合一があった。幕府にとって、鶴岡八幡宮はまさしく「宗教センター」であったのである。

宗教センターとしての鶴岡八幡宮では、頼朝から時頼《ときより》▲までのあいだ、仏事法会・供養《くよう》や病気平癒・天変祈禱が執り行われた（『吾妻鏡《あずまかがみ》』）。

▼**鶴岡八幡宮別当職**　鎌倉市雪《ゆき》ノ下《した》にあり、一〇六三（康平《こうへい》六）年、源頼義《よりよし》が石清水八幡宮寺を由比《ゆひ》鶴岡に勧請、八〇（承暦《じょうりゃく》四）年、頼朝が現地に移す。その管理者を別当職といい、鎌倉時代をとおして一七人が補任され、その系譜は寺門派が一〇人、東寺系が七人の真言密教色が濃かった。

▼**北条時頼**　一二二七〜六三年。鎌倉幕府五代執権。一二四六（寛《かん》元《げん》四）年、執権就任とともに前将軍九条頼経《よりつね》をめぐる陰謀を押さえ、翌年三浦氏を族滅（宝治合戦）。

一方、鶴岡八幡宮の最高権力者たる別当の補任状況をみると、鎌倉時代をとおして、寺門《じもん》派▲が一〇人、東寺《とうじ》が七人を占め、山門《さんもん》派が皆無であった。これは、山門派を排除した非山門系の寺門派と東寺による意図的独占と考えられ、そこに、別当職補任をめぐる真言密教系の色彩が看取される。

一歩進めて、北条義時《よしとき》▲の世を境に顕著になる幕閣《ばっかく》と臨済禅との交流に目を転ずると、またあらたな世界が開けてくる。栄西《えいさい》▲と行勇《ぎょうゆう》▲を導師にした一一九九(建久《けんきゅう》十)年の頼朝の百カ日法要に始まり、一二二七(安貞《あんてい》元)年の泰時による妻のための仏堂建立《こんりゅう》にいたるまでのおびただしい祈禱の数々が執行される(『吾妻鏡』)。この幕閣と臨済禅との法的交わりは、鶴岡八幡宮別当職の補任と同じく、幕府の宗教世界におけるある種の傾向を感じさせる。

私はこの幕政における通年的かつ体系的な宗教傾向を通観して、次のように規定している。すなわち、鎌倉幕府の宗教世界は、東寺系と寺門派の真言密教僧侶による鶴岡八幡宮別当職の独占と、栄西・行勇らによる臨済禅の祈禱勤仕《ごんし》の事実を総和した「禅密《ぜんみつ》主義」を基調とするまさに「武家的体制宗教」である、と。

この基本的には反山門の立場を辞さない幕府の頑固なまでの宗教姿勢。この

▼**寺門派**　天台宗の二大派の一つ。円仁の門流である延暦寺の山門派に対して、円珍《えんちん》を祖とする園城寺(三井寺《みいでら》)の門流をいう。

▼**北条義時**　一一六三〜一二二四年。鎌倉時代二代執権。時政の嫡子で、父とともに源頼朝の挙兵に従う。

▼**栄西**　一一四一〜一二一五年。鎌倉時代、臨済宗を伝えた禅僧。号は葉上房《ようじょうぼう》。

▼**行勇**　?〜一二四一年。鎌倉時代の臨済宗の僧。初め真言宗の僧として鶴岡八幡宮の供僧をつとめ、のち栄西に禅と台密《だいみつ》を学ぶ。

山門派と対極に位置する寺門派と幕府の政教関係はいかがであろうか。幕府の「正史《せいし》」である『吾妻鏡』によれば、幕府と寺門派との契合は、まごうことなく、山門派との敵対関係の対極上に結ばれたものであった。それは、幕府が政策的に山門派を排さんとしてえた、まさに二極分化の和合であった。

「源家《げんけ》と当寺（園城寺《おんじょうじ》＝寺門派）、因縁《いんねん》和合し、風雨感会するものか。しかれば則ち、当寺の興隆、当家（源氏《げんじ》＝幕府）の扶持《ふち》に任すべし、当家の安穏、当寺の祈念に依るべし」（元暦《げんりゃく》元〈一一八四〉年十一月二十三日条）とは、その蜜月の関係を物語る一文である。

こうした幕府と寺門派との和合を考慮するなら、鶴岡八幡宮別当職が東寺と寺門派園城寺▲の真言密教系によって独占され、山門派延暦寺《えんりゃくじ》▲が排除されたことも首肯されよう。

思うに、このような「禅密主義」が幕府の宗教世界を通時的に貫流していたからこそ、幕末の徳治《とくじ》年間（一三〇六〜〇八）、公文所《くもんじょ》において、「真言宗は攘災秘術なり、その護持大切なり、律宗は戒行如法まさに崇敬すべきなり、禅宗は坐禅工夫し出離大要のためなり。しかるに天台宗は講用を講すばかりなり、論義

▼**園城寺**　俗に三井寺ともいう。滋賀県大津《おおつ》市園城寺町にある天台宗寺門派総本山。六八〇（天武《てんむ》九）年ごろの創建。

▼**延暦寺**　滋賀県大津市坂本本《さかもとほん》町にある天台宗総本山。七八五（延暦四）年、最澄が比叡山寺を創建、入唐《にっとう》帰朝のあと、勅願を授かり延暦寺と号した。

の学匠、護持のためならず、出離のためならず、総じてもって無用なり」（『渓《けい》嵐拾葉集《らんしゅうようしゅう》』▲縁起《えんぎ》）と総括されたのである。幕府の内部には、天台宗を「無用の宗」とし、山門を不要とする考えが幕政を一貫して支配的であったことを右の一文は証明している。幕府独自の「武家的体制宗教」の基調はやはり、山門派を排した「禅密主義」にあったことはまちがいない。

ところで、幕府の祈禱の世界を大局的にみると、その担い手が鶴岡八幡宮の供僧《ぐそう》や臨済禅僧だけとは限らないことに気付く。幕閣の各種祈禱に勤仕する京下りの陰陽師《おんみょうじ》は、その数なんと、一二六人におよんでいる。安倍《あべ》氏の系譜に連なる陰陽師たちは、北条泰時・政子《まさこ》▲の時代に本格的な活動を始めて、泰時の世にその最盛の極致を迎える。この陰陽師の祈禱実態をみるとき、幕府の宗教世界は、神祇信仰と仏教、そしてこの陰陽道《おんみょうどう》の三位一体《さんみいったい》のものとして把握しなければならない。私は幕府の宗教世界の総体を仏教の「禅密主義」を中核としながらも、陰陽道と神祇信仰がその周辺に接合している状況をイメージしている。あえて極論すれば、陰陽道が「禅密主義」という仏教と「体制」の大義名分を表示する神祇信仰（神道《しんとう》）を接合する宗教的接着剤になっているといえよう。

▼**『渓嵐拾葉集』**　現存一一三巻の仏書、もと三〇〇巻。光宗《こうそう》の著であるが、成立年不詳。一三一一〜四七（応長《おうちょう》元〜正平《しょうへい》二）年のあいだの筆録。光宗が天台宗の再興をはかり、師説と自説を書き留めたもの。中世の宗教思想研究に重要。

▼**北条政子**　一一五七〜一二二五年。源頼朝の妻、北条時政《ときまさ》の娘。一一七七（治承元）年、二一歳で伊豆配流中の頼朝に嫁し、頼家《よりいえ》・実朝《さねとも》を生む。頼朝の死後、父時政や弟義時とともに幕政に参与。実朝死後は「尼《あま》将軍」として幕閣にあり、承久の乱に御家人の動揺を押さえ勝利した。

幕府の「武家的体制宗教」は、このように神・仏・陰陽道が三位一体となって機能する思想空間であった。逆からいえば、幕府の武家王権としての国家権力もこの三つの宗教権力に支えられてはじめて機能しえたのである。

鎌倉幕府にみる宗教的祭祀権の行使

「武家的体制宗教」の形成とあわせて武家王権が成立すれば、その支配の正当化に赴くことは歴史の必然である。幕府はそれを東国《とうごく》地域のなかに具体化していった。

そもそも古代東北の宗教界は、中尊寺《ちゅうそんじ》が天台宗に依拠する寺院であったのをはじめ、慈覚大師円仁《じかくだいしえんにん》▲の入定《にゅうじょう》伝説を蔵する出羽山寺《でわやまでら》＝立石寺《りっしゃくじ》▲も天台宗寺院であった。それだけではない。その円仁の事蹟として「化導《けどう》はるかに東夷《とうい》の栖を過ぎ、利生《りしょう》遠く北狄《ほくてき》の境に及ぶ、いわゆる出羽立石・奥州松島寺《おうしゅうしょうとうじ》等なり」（『私聚百因縁集《しじゅうひゃくいんねんしゅう》』▲、原漢文）と伝える奥州松島寺▲も天台宗に属していた。こうした事例に、『津軽一統志《つがるいっとうし》』が伝承する桓武《かんむ》朝における坂上田村麻呂《さかのうえのたむらまろ》▲の蝦夷《えみし》征討を相乗するとき、古代みちのくの宗教界は、物の見事に天台宗一色にそめ

▼**円仁**　七九四〜八六四年。平安初期の天台宗の僧。諡号《しごう》は慈覚大師、下野都賀《しもつけつが》郡の人。一五歳のとき最澄に師事、八三八（承和《じょうわ》五）年入唐、八四七（同十四）年帰朝。延暦寺第三世座主に任じ、天台宗山門派の祖。出羽立石寺に死んだと伝える。著書に『入唐求法巡礼行記《にっとうぐほうじゅんれいこうき》』がある。

▼**立石寺**　山形市大字山寺にある天台宗の寺。俗に山寺という。八六〇（貞観二）年、円仁の創建と伝える。背後の岩窟に円仁の遺骸と伝えるものがおさめられている。鎌倉時代、執権時頼の行脚の折、臨済宗に改宗したことでも有名。

▼**『私聚百因縁集』**　鎌倉中期の仏教説話集。常陸《ひたち》国の僧住信《じゅうしん》の編著。一二五七（正嘉《しょうか》元）年成立。天竺《てんじく》（巻一〜四）・唐土《もろこし》（巻五・六）・和朝《わちょう》（巻七〜九）の三部仕立てで一四七編をおさめる。高僧《こうそう》伝《でん》・因果応報《いんがおうほう》・本地垂迹・孝子《こうし》・

往生譚《おうじょうたん》を内容とし、従前書の書承が中心。

▼松島寺　宮城県宮城郡松島町にある臨済宗の寺。八二八(天長《てんちょう》五)年、慈覚大師円仁の開基《かいき》と伝え、延福寺、瑞巌寺《ずいがんじ》ともいう。鎌倉時代、執権時頼が宋《そう》からの帰国僧法身性才《ほっしんしょうさい》を住持とし、天台宗から臨済宗に改宗。以後、帰化《きか》の名僧を住持に迎え、東北臨済禅の拠点となった。

▼坂上田村麻呂　七五八〜八一一年。平安初期の武将。七九一(延暦十)年、征夷大将軍大伴弟《せいいたいしょうぐんおおともおと》麻呂《まろ》のもとに征東副使として蝦夷を討ち、のち征夷大将軍となる。八〇二(延暦二十一)年、胆沢《いさわ》に築城し鎮守府《ちんじゅふ》を多賀城《たがじょう》から移し、蝦夷平定に大きな功績を残した。

ぬかれる。表現をかえていえば、「みちのく」の古代は、天台宗の伝道とともに開拓が進展していったのである。この天台宗を基調とした古代東北の宗教界に、幕府が「禅密主義」による「武家的体制宗教」をみずからの武家王権の宗教的祭祀権として行使するとき、中世東北の宗教史は幕が開く。

　幕府が一三三二(正慶《しょうきょう》元)年に発給《はっきゅう》した「関東下知状《げちじょう》」に、立石寺の識乗坊《しきじょうぼう》なる僧侶に院主《いんしゅ》・別当の両職とそれにともなう所領《しょりょう》を領掌させたとある。また、同寺の寺伝たる『山寺攬勝志《やまでららんしょうし》』に「北条時頼《ときより》微行しここを過ぐ。台徒の盛りをねたみて、命じて禅宗に改め、宝珠山阿所川院《ほうしゅさんあそかわいん》立石禅寺と称す」とも伝える。ここに、立石寺が執権時頼の世に天台宗から臨済禅へと改宗し、鎌倉時代の末期に幕府の関東祈禱所となっていたことは火をみるより明らかである。

　一方、松島寺もまた寺伝の『天台記』によると、一二四八(宝治《ほうじ》二)年のころ、時頼が廻国修行のおり、同寺に休息したのを契機に天台宗から臨済禅に改宗した。同寺の雑掌《ざっしょう》景観《けいかん》が幕府に提出した訴状の「右当寺(松島延福寺《まつしまえんぷくじ》)は建長《けんちょう》年中、最明寺入道《さいみょうじにゅうどう》(時頼)外護《げご》の檀那《だんな》たり。将軍家の御祈願寺となりて以降、皇帝万年の道場、当国第一の禅院なり」という一文は、それとまったく符合する。このほか、秋田の象潟干満寺《きさかたかんまんじ》や津軽山王坊《さんのうぼう》▲の改宗もまた天台宗からの政治的な改宗であった。

東北の拠点寺院がこのように踵《きびす》を接するがごとく、天台宗から臨済禅もしくは真言密教に改宗する事実は、幕府の「禅密主義」を奉ずる「武家的体制宗教」に基づく宗教指導なくしては考えられない。そこには、紛れもなく、幕府の宗教的祭祀権の行使という名の武家王権の正当化が展開していたのである。

▼**山王坊**　青森県五所川原市の岩木川《いわきがわ》河口の十三湊《とさみなと》に隣接して所在するとされる寺院群の一つ。鎌倉期〜南北朝《なんぼくちょう》期にこの地に君臨した蝦夷管領安東《えぞかんれいあんどう》氏と関係する寺院と考えられ、その原初は平泉《ひらいずみ》の中尊寺と同じく天台宗に属していたと想定される。

②―神祇との出会い――受容と変容

体制志向から反体制へ

前章では、宗教者の「体制」度をはかる物差として、神祇《じんぎ》信仰への信と不信という価値判断があることを確認したうえで、日蓮と一遍の歴史的背景を紹介した。それをとおして、私たちは日蓮が「反体制宗教」、一遍が「超体制宗教」の世界に身をおいていることを少しく遠望した。本章では、その「体制」度のバロメーターである神祇信仰に、「反体制宗教」者の日蓮と、「超体制宗教」者の一遍がそれぞれどのように向きあっていたかを具体的にながめてみることにしよう。

一般に「法華経《ほけきょう》の行者《ぎょうじゃ》」と評される日蓮は、承久《じょうきゅう》の変《へん》の翌年(一二二二年)、安房国《わのくに》の海縁村落に有力漁民の子として誕生した。その六〇年間にわたる生涯は、かの『立正安国論《りっしょうあんこくろん》』の幕府上呈とその弾圧に象徴されるように、あまりにドラマチックであり、あまりに波瀾万丈であった。では、その日蓮は神祇とどう向きあっていたのだろうか。

日蓮は『立正安国論』のなかで、災難が発生する原因を善神《ぜんしん》がわが国をすてた

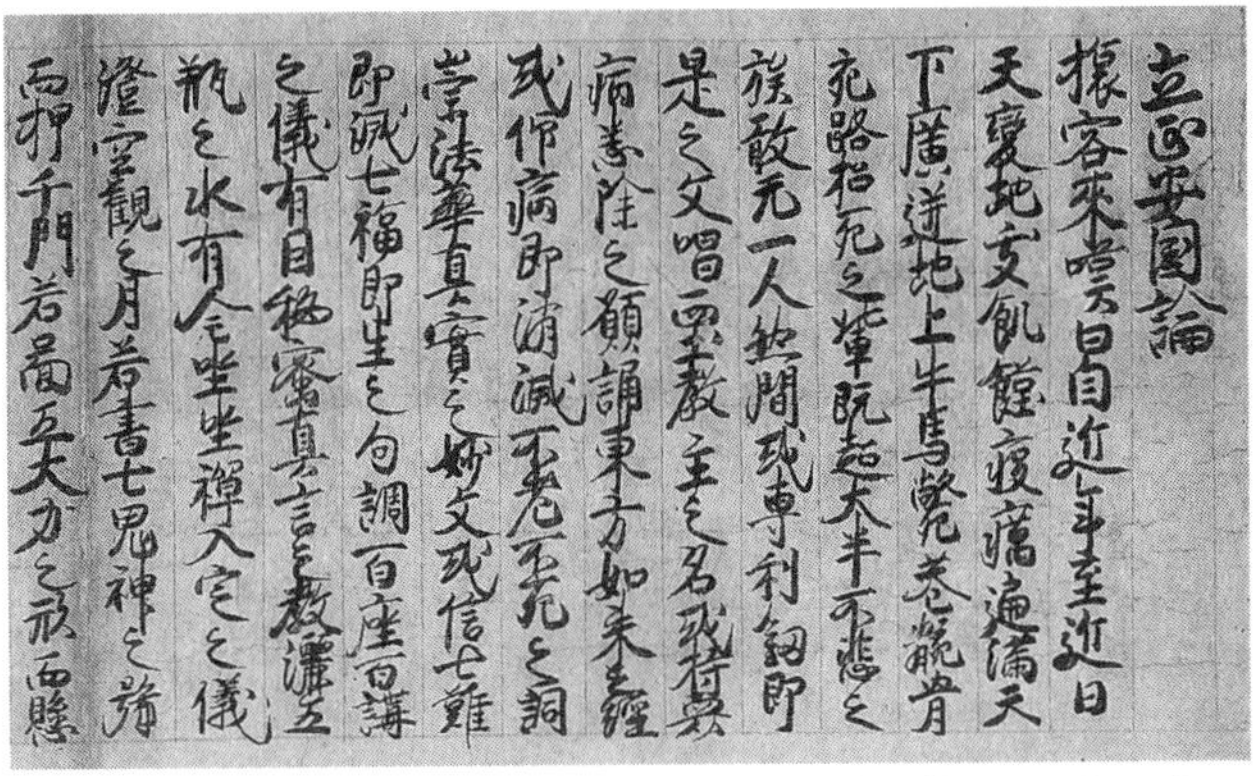

立正安国論
旅客来嘆曰自近年至近日
天変地夭飢饉疫癘遍満天
下広迸地上牛馬斃巷骸骨
充路招死之輩既超大半不悲之
族敢無一人然間或専利剣即
是之文唱西土教主之名或持衆
病悉除之願誦東方如来之経
或仰病即消滅不老不死之詞
崇法華真実之妙文或信七難
即滅七福即生之句調百座百講
之儀有因秘密真言之教灑五
瓶之水有全坐禅入定之儀
澄空観之月若書七鬼神之号
而押千門若図五大力之形而懸

『立正安国論』(国宝)　日蓮が「自界反逆」(内乱)と「他国侵略」が起こると予言した主著。

北条時頼像　日蓮が『立正安国論』を上呈した幕府５代目の執権。

「日蓮誕生寺絵図」　日蓮の誕生地に開創された寺院。

（「善神捨国」）ことに求め、その出典的根拠を「金光明経《こんこうみょうきょう》」「大集経《だいじっきょう》」「仁王経《にんのうきょう》」「薬《やく》師経《しきょう》」の四経に求めている。

一方、鎌倉旧仏教の東大寺《とうだいじ》の明恵《みょうえ》も中国華厳宗《けごんしゅう》の大成者である至相大師《しそうだいし》智《ち》儼《ごん》▲の「五十要問答」を参看しながら、法然《ほうねん》の『選択本願念仏集《せんじゃくほんがんねんぶつしゅう》』を批判すべく『摧《さい》邪輪《じゃりん》』の筆をとった。そして、こう糾弾している。「善神、国を捨て、悪鬼、国に入って三災を興し、十善を廃す」と。

この『摧邪輪』の一文と、『立正安国論』の「善神は国を捨てて相去り、聖人は所を辞して還らず。是《これ》を以《もっ》て、魔来り鬼来りて、災起こり難来る」を、比較してみてどうであろうか。

日蓮と明恵の災害観はどうみても、その根幹部分を共有しており、文字どおり、大同小異といわざるをえない。

現に、日蓮は自著の『守護国家論』において、明恵のこの『摧邪輪』を、法然の浄土宗《じょうどしゅう》を批判した先駆的な事蹟として引用している。このことを考えれば、みずからも『摧邪輪』を相当程度、読み込んでいたと思われる。そうしてみれば、日蓮が『立正安国論』のなかで表明した「善神捨国」なる神祇観の直接的な出典的

▼**智儼**　六〇二〜六六八年。中国華厳宗の実質的な確立者。華厳経を民間で広めていた杜順《とじゅん》が一二歳の智儼をみて、自分の弟子にしたいと両親を説得し、そのうえで弟子の達法師《たつほうし》に託して指導させたという。

背景は、「金光明経」以下の四経の心読と明恵の『摧邪輪』の精読のなかに求められてしかるべきであろう。

実は『立正安国論』を幕府に上呈した一二六〇（文応元《ぶんおう》）年当時、日蓮の神祇観を醸成するもう一つの背景があった。それはほかでもなく、日蓮の誕生地である「東条御厨《とうじょうのみくりや》」▲という彼の神祇観をつちかうに十分な思想的土壌ないし風土である。これについて、こう語っている。

日蓮は日本国の中には安州のものなり。惣じて彼国《かの》は天照太神《あまてらすおおみかみ》の住初給し国なりといへり。かしこにして日本国をさぐり出し給ふ。あはの国御厨なり。（「弥源太殿《やげんたどの》御返事」）

日蓮は幼年のころから、この伊勢《いせ》神宮の所領《しょりょう》である御厨がかもしだす神々《こうごう》しい雰囲気にひたりながら成長したのである。したがって、この「東条御厨」の宗教風土と前の経典心読および『摧邪輪』の精読とが総和するところに、日蓮の「善神捨国」なる神祇観が生成されたと思われる。

『立正安国論』を上呈したころの日蓮は、このように日本的な神祇信仰を疑うことなく受容し、その意味で紛れもなくれっきとした体制志向者であった。し

▼**東条御厨**　安房国長狭《あわのくにながさ》郡東条郷の御厨。御厨とは、天皇家や摂関《せっかん》家・伊勢神宮などへの供御《くご》としての魚介類を貢納する場所を意味する。伊勢神宮領の御厨は全国に数百カ所に分布した。日蓮はこの御厨で出生したと伝えられる。

たがって、浄土宗の信徒がその神祇信仰を礼拝せずに排斥（「神祇不拝」）することを、次のように真正面から批判することは、ごく当然のことであった。

日本は神国として伊弉諾《いざなぎ》・伊弉冉尊《いざなみのみこと》此《この》国を作り、天照太神垂迹《すいじゃく》御坐して、御裳濯《みもすそ》河の流れ久して今にたえず。豈《あ》に此国に生を受て此邪義を用ゆべきや。（「聖愚問答鈔《しょうぐもんどうしょう》」）▲

日本は天照大神の子孫によってつくられた国であるとする「神孫降臨《しんそんこうりん》」に則った浄土宗批判である。佐渡流罪《さどるざい》以前の日蓮は、このように、浄土宗の「神祇不拝」とはまったくの対極に位置する「体制」志向者であった。

ところが、どうであろうか。「法華経」の採択を迫った『立正安国論』の却下はおろか、弾圧の憂目（「文永《ぶんえい》八年の法難《ほうなん》」）にあうにいたっては、日蓮の心奥のなかでなにかが起こってもなんらあやしむにたらない。案の定、文永八年の法難とセットになされた三年におよぶ佐渡流罪のなかでなにかが起きた。

「法華経神祇」の創出

佐渡での三年にわたる寒気と飢えのなかでの思索生活が、ただ懺悔《さんげ》の生活に

▼**「聖愚問答鈔」**　日蓮が一二六五（文永二）年に認《したた》めた書。上下の二巻よりなり、上は「夫《それ》生を受しより死を免れざる理《ことわ》り」で始まり、仏教の生死観、中国と日本仏教の歴史を愚人と聖人の問答形式で論述して「法華経」の至上を説く。

終始したわけではない。懺悔する日蓮の心奥に、ある批判の意識が芽生え、それが心のなかで拡がっていった。批判という思索生活もそこにはあったのである。

その一つが、日本の神々に対する批判である。佐渡流罪をこうむる前の日蓮は、既述したように、災難が発生する理由を「善神捨国」に求めていた。これは、神々に対していささかでも懐疑や批判をいだいていてはでてこない論理である。この時期の日蓮は、日本国が天照大神の所領に属し、その保護によって成り立つ国である、ととらえていた。いわば、懐疑・批判なき神祇観であった。

ところが、佐渡の日蓮はその日本の神々に対しても批判を展開しはじめる。それはなぜであろうか。「法華経」二十八品《ほん》(章)の一つに「法華経」の信奉者・弘《ぐ》通者《つうしゃ》を擁護すると説かれる「陀羅尼品《だらにほん》」がある。日蓮は、「法華経の行者」として「法華経」の弘通に身命をかけて専心した。にもかかわらず、一二七一年などの法難に遭遇しなければならなかった。それは、どうしてだろうか。

日蓮はそんなことを自問しながら佐渡に渡ったにちがいない。思うに、佐渡への流罪はなによりも「陀羅尼品」が経文として信じがたいことを証明した。佐

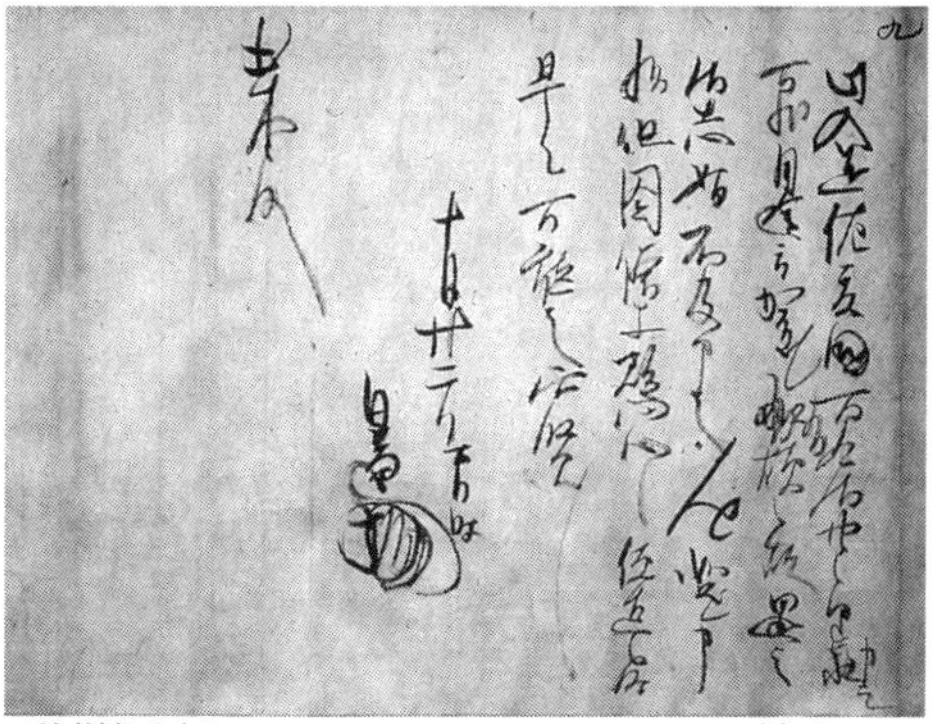

「寺泊《てらどまり》御書《ごしょ》」 日蓮が佐渡配流の途中，越後《えちご》国寺泊で富木《とき》常忍《じょうにん》に宛てた書状。

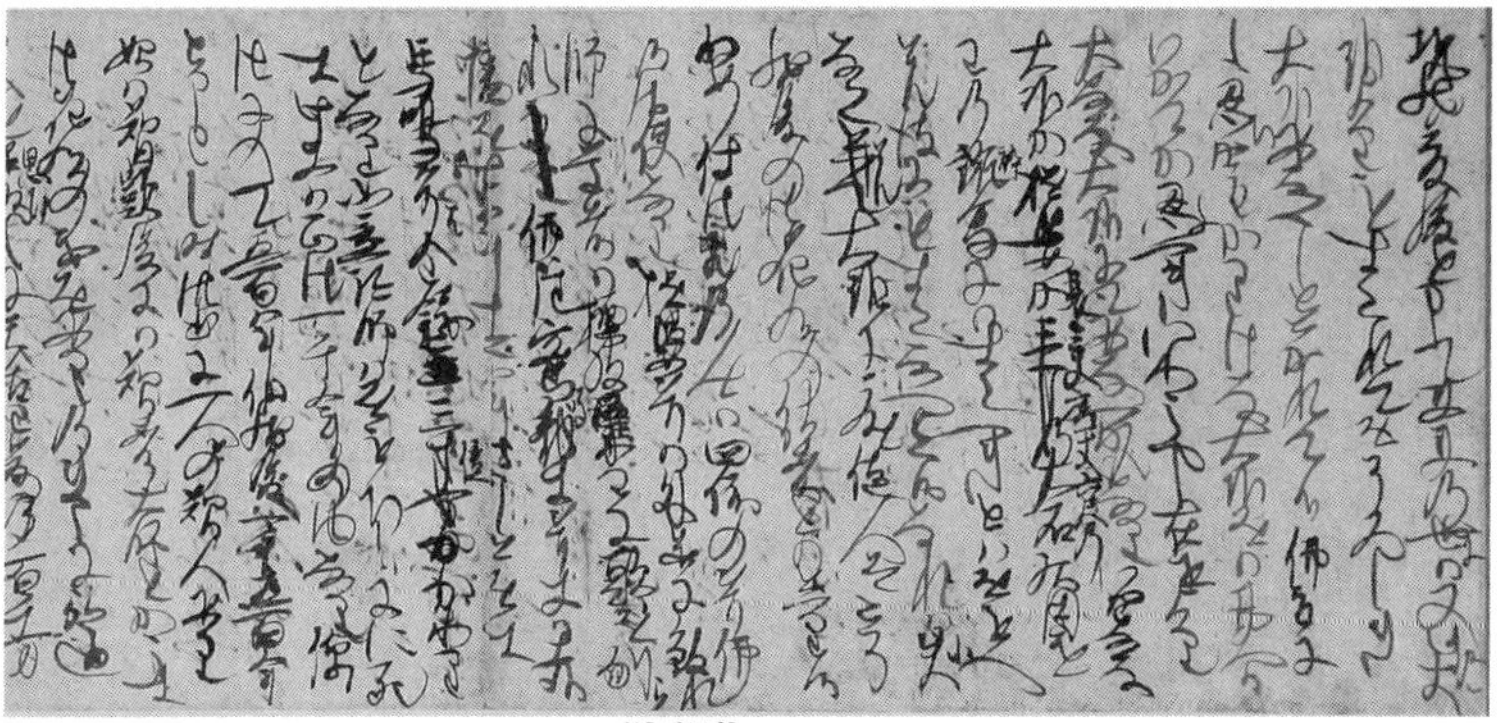

「報恩抄」 日蓮が身延の地で，師道善房《どうぜんぼう》の死をいたんで書いた書状。

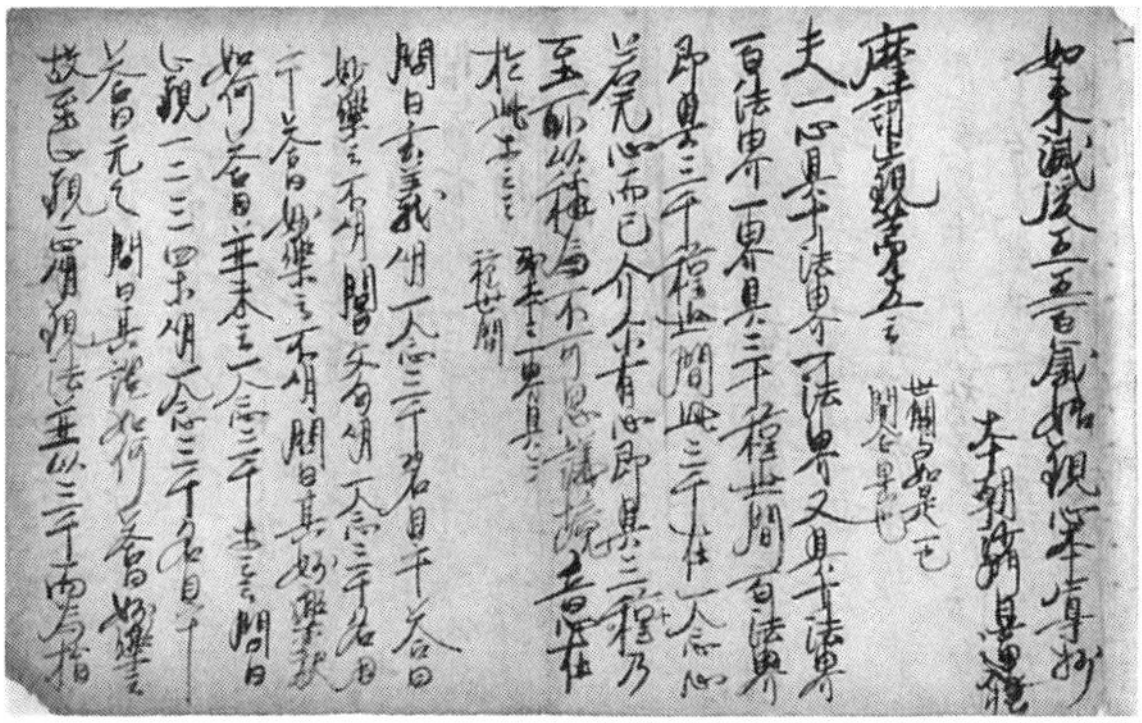

『観心本尊抄』(国宝) 正式には『如来滅後五五百歳始観心本尊《にょらいめつごごごひゃくさいしかんじんほんぞん》抄《しょう》』という。佐渡流罪中に認めた題目《だいもく》の信仰世界を説いた教義書。

渡の日蓮は、一方で懺悔をとおして思索を深めて値難《ちなん》を正当化しつつ、他方ではこの「陀羅尼品」にかわる法華経行者の守護・擁護者を模索し続けた。

その結果、注目したのが日本国の神々であった。日蓮は、それまで日本国の守護神《しゅごしん》として肯定的に受容していた神々を、「法華経」の守護神としてあらたに位置づけようとしたのである。これは、神々の伝統的ヒエラルヒーの改造ないし神々の捉え直しへの挑戦である。もう一歩進めていえば、日蓮による日本的な神々のあらたなる創造への挑戦である。この創造がこれまでの神祇観に対する批判をともなってなされることは、いうまでもない。

日蓮はその批判を『開目抄《かいもくしょう》』▲のなかで次のように行っている。

> 天照太神、正八幡《しょうはちまん》、山王《さんのう》等諸《もろもろ》の守護の諸大善神も法味をなめざるか。国中を去り給ふかの故に、悪鬼便《たより》を得て国すでに破れなんとす。

また、別のところでは、こうもいっている。

> 大悪は梵釈も猶、防ぎ難きか。何に況や日本守護の少神をや。但、地涌千《ちゆせん》界《がい》の大菩薩《だいぼさつ》・釈迦《しゃか》・多宝《たほう》・諸仏の御加護にあらざれば、叶ひ難きか。（「真言諸宗違目《いもく》」）

▼**『開目抄』**　日蓮が一二七二（文永九）年二月に流罪先の佐渡で認めた書。日蓮宗の根本聖典の一つ。「日蓮こそ末法《まっぽう》の大導師」という自覚のもと「我日本の柱とならむ、我日本の眼目とならむ、我日本の大船とならむ」と誓っている。

日蓮は、日本の神々を、単独では日本国の守護もできない少神、法華経の法味に浴してはじめてその守護能力が発揮できる神であると批判したのである。この批判が、これまで全幅の期待を寄せていた日本の神々への懐疑を前提になされていることはいうまでもない。

日蓮はこのように、日本神に対する日本国の守護神としての批判を加えたうえで、こう総括する。

法華経の二処三会《にしょさんえ》の座にまし〱し日月等の諸天は、法華経の行者出来せば、磁石の鉄を吸ふごとく、月の水に遷《うつ》るがごとく、須臾《すゆ》に来て行者に代り、仏前の御誓をはたさせ給ふべし。(『開目抄』)

この一節は、日蓮が法華経「見宝塔品《けんほうとうぼん》」の経文を想定しつつ述べたものである。「見宝塔品」は、釈尊《しゃくそん》▲がそれまでの霊鷲山《りょうじゅせん》からこの宝塔に座を移し、法華経の圧巻部分を説かんとする場面にあたる。この説法には、多くの仏・菩薩たちが結集していた。そのなかには、前に「善神捨国」した日本の神々も「少神」ではあるが、法華経の法味に浴すべく結集していたと、日蓮は想念した。

こうして、日本の神々は、佐渡の日蓮によって、「陀羅尼品」に代替する「法

▼**釈尊**　釈迦《しゃか》・世尊《せそん》・仏陀《ぶっだ》・悉多《しった》ともいう。生没年不詳。仏教の開祖。本名はゴータマ＝シッダールタ、釈迦は出身部族名。インドとネパールの国境のルンビニー出身の王族で、二九歳で出家。伝統的なバラモン教を批判しながら修行し、生死の苦を「涅槃《ねはん》」に説き、八〇歳で没した。

華経」の守護神として、「法華経」の弘通・受持者《じゅじしゃ》に迫害や弾圧がおよばんとした際には、磁石が鉄を吸うように、即座に飛んで来て守護しなければならない、と義務づけたのである。この神祇観が佐渡流罪以前の無批判・肯定的な神祇観に対して、自己批判した結果として表出したものであることは、もはや自明であろう。

三年におよぶ佐渡流罪も一二七四(文永十一)年に赦免《しゃめん》となり、鎌倉に還った日蓮は、またもや「法華経」の採択を幕府に求めた。三度目の国諫《こっかん》である。しかし、このたびも黙殺される。

日蓮はこれを日本の神々の佐渡における「仏前の御誓言」違反と受けとめた。幕府に失望した日蓮が身延《みのぶ》に入山するや、「仏前の御誓言」に背反した日本の神祇に対して、「日蓮が眼をそろしくば、いそぎいそぎ仏前の誓をばはたし給へ」(「神国王御書《ごしょ》」)と、強く訓戒するにいたる。そしてその度が強まるや、

教主釈尊の日蓮がかたうどをしてつみしらせ給にや。よもさるならば天照太神・正八幡等は此国のかたうどにはなり給はじ、日蓮房《にちれんぼう》のかたきなり。(「現世無間《げんせむげん》御書」)

というように、日本の神祇を「日蓮房のかたき」とみなすまでになる。

日蓮がこうした盟約違反を恫喝《どうかつ》するかのように日本の神祇を訓戒していたころ、ある突発的な事態が発生する。一二七四年十月、筥崎八幡宮《はこざきはちまんぐう》▲が蒙古《もうこ》軍によって焼き払われ、あまつさえ、同月に鎌倉の鶴岡《つるがおか》八幡宮も炎上したのである。

この両神宮の八幡神が焼失・炎上した意味を、日蓮が考えないわけがない。日蓮はすかさず、その意味を考えるべく筆をとった。「諫暁八幡抄《かんぎょうはちまんしょう》」▲がそれである。ときに、一二八〇(弘安《こうあん》三)年、そのなかでこう語った。


八幡大菩薩は本地は月氏《げっし》の不妄語《ふもうご》の法華経を、迹《あと》に日本国にして正直の二字となして賢人の頂にやどらむ……此大菩薩は宝殿をやきて天にのぼり給ふとも、法華経の行者《ぎょうじゃ》日本国に有るならば其所に栖み給ふべし。


と。八幡大菩薩は「正直の人」が宿るものであり、その菩薩は焼き払って天に昇ったものの、法華経の行者の頂にだけは宿る、というのである。日蓮はいったん、昇天した八幡大菩薩は「法華経の行者」の守護神として降下したととらえたのである。

「法華経の行者」の頂に降下した八幡神は、もはや盟約違反を繰り返す神祇で

▼**筥崎八幡宮**　福岡市東《ひがし》区箱《はこ》崎《ざき》に鎮座。延喜《えんぎ》式内社《しきないしゃ》で、旧官幣《かんぺい》大社《たいしゃ》。祭神《さいじん》は応神《おうじん》天皇・神功《じんぐう》皇后・玉依姫命《たまよりひめのみこと》。日宋《にっそう》貿易とも深くかかわったこと、蒙古襲来時に亀山上皇《かめやまじょうこう》が「敵国降伏《ごうぶく》」の四字の紺紙金泥《こんしきんでい》の宸筆《しんぴつ》書を三七枚寄進したことでも有名。

▼「**諫暁八幡抄**」　日蓮が一二八〇(弘安三)年十二月に身延で認めた書。教主釈尊の垂迹である八幡大菩薩に対し、法華経の行者をそしる謗法者《ほうぼうしゃ》を対治することを諫暁したもの。本書は、この年に鶴岡八幡宮が炎上して民衆が動揺したのを受けて執筆された。

はない。それはまた、佐渡流罪以前の、日蓮が絶対的な信をよせた日本国の守護としての神祇でもない。それは日蓮の信仰世界のなかに、「法華経の行者」だけを守護する、まさに「法華経神祇」である。この身延において、佐渡流罪中に構想した「法華経神祇」としての神々が、日蓮の思想のなかに完全に定着し、思想として結晶化した。これは、これまでの日蓮の神祇に対する受容→懐疑・批判という思想遍歴の終着でもあった。

「超体制宗教」者の神祇信仰

前項では、神祇信仰とダイナミックにかかわった日蓮について紹介したが、「超体制宗教」者と目される時宗《じしゅう》の祖一遍の場合はどうであろうか。

伊予《いよ》国の豪族《ごうぞく》河野通広《こうのみちひろ》▲の子として生まれた一遍は、その幼名を随縁《ずいえん》・智真《ちしん》という。一二五一（建長《けんちょう》三）年、大宰府《だざいふ》西弘寺《さいこうじ》の聖達《しょうたつ》▲に、ついで肥前《ひぜん》清水《しみず》の華台《かだい》のもとで浄土教《じょうどきょう》を学ぶ。一二七一（文永八）年、信濃《しなの》善光寺《ぜんこうじ》▲を皮切りに死にいたるまで全国各地を遊行《ゆぎょう》し、その結縁《けちえん》の数二五〇万人におよぶという。世に「遊行上人《しょうにん》」とも「捨聖《すてひじり》」ともいう。はたして、この一遍上人の神祇観は如何。

▼**河野通広**　?〜一二六三年。時宗の開祖一遍の父。通広の三代前の親清《ちかきよ》のとき（平安末期）に河野郷（愛媛県松山《まつやま》市）に住して河野氏と名乗る。「親清—通清《みちきよ》—通信《みちのぶ》—通広—一遍」と続く通信は承久の乱の際、上皇方についた。通広が承久の乱とどうかかわったかは不明だが、その後まもなく出家して「如仏《にょぶつ》」と命名している。

▼**聖達**　生没年不詳。鎌倉時代中期の僧。浄土宗西山《せいざん》派の祖善慧《ぜんえ》房証空《ぼうしょうくう》の弟子。伊予の河野執行《しゅぎょう》某の妻を後妻に迎えてから河野氏と関わりを始めた。河野氏の出身である一遍は聖達に師事して、広く念仏門を学んだ。肥前国藤津《ふじつ》郡八本木《はちほんぎ》村（佐賀県鹿島《かしま》市）に知恩寺《ちおんじ》を創建。

▼**善光寺**　長野市箱清水《はこしみず》にある寺。浄土宗と天台宗の両宗の管理に属す。七世紀初めの創建。六五四(白雉《はくち》五)年に諸堂完成と伝え、一遍はもとより多くの信仰を集めた。一五五八(永禄《えいろく》元)年、武田信玄《たけだしんげん》が甲府《こうふ》の新善光寺《しんぜんこうじ》に本尊を移したが、九七(慶長《けいちょう》二)年に本寺に帰った。

一遍の参詣した寺社

年　次	寺　社　名	年　次	寺　社　名
1271(文永8)年	信濃善光寺，伊予窪寺	1285(弘安8)年	丹後久美浜道場，美作一宮
1273(　10)年	伊予菅生の岩屋	1286(　9)年	摂津四天王寺，摂津住吉神社，河内磯長聖徳太子廟，大和当麻寺，山城石清水八幡宮，摂津四天王寺
1274(　11)年	摂津四天王寺，紀伊高野山，紀伊熊野社		
1276(建治2)年	大隅正八幡宮		
1278(弘安元)年	安芸厳島社		
1279(　2)年	京都因幡堂，信濃善光寺	1287(　10)年	播磨書写山，播磨松原(八幡大菩薩垂迹の地)，備後一宮，安芸厳島社
1280(　3)年	下野小野寺，白河関明神		
1282(　5)年	鎌倉片瀬の館の御堂，鎌倉片瀬浜地蔵堂，伊豆三島社	1288(正応元)年	伊予菅生の岩屋，伊予繁多寺，伊予三島社
1283(　6)年	尾張甚目寺	1289(　2)年	讃岐善通寺・曼陀羅寺，淡路二宮(伊弉冉尊)，淡路志筑(北野天神)，播磨兵庫(観音堂)
1284(　7)年	京都四条京極釈迦堂，京都因幡堂，京都三条悲田院，蓮光院，雲居寺，六波羅蜜寺，市屋道場，丹波穴太寺		

『一遍聖絵《ひじりえ》』▲により、一遍が参詣した寺社を表示すると前ページ表のようになる。この表が一遍の参詣したすべての寺社を網羅しているとは限らない。その意味で、実数を数値化したものではないが、寺社参詣の一定の傾向を考える手立てにはなろう。その眼で、表をみてどうであろうか。

一遍は一二七一年の信濃善光寺に始まり、晩年の八九(正応《しょうおう》二)年にはいった播磨《はりま》兵庫の観音堂《かんのんどう》にいたるまで、寺院三一カ寺・神社一三社に参詣している。実際はその数をはるかに上回るにちがいない。まさに、遊行上人の行状《ぎょうじょう》を凝縮した参詣図である。

この宗教者としての参詣パワーも驚異であるが、一遍が法脈的に法然の浄土宗に連なる念仏者《ねんぶつしゃ》であることを念頭において、表を改めてみると、次の二つのことが注目されるのではないか。

一つは、やはり、念仏者として一三社もの神社に参詣した事実である。二つは、その一三社のなかには、伊勢神宮▲とか鶴岡八幡宮とかの公武《こうぶ》政権の国家守護神が含まれていない事実である。この二点について、つぎに少し検討してみよう。

▼**『一遍聖絵』**　『一遍上人絵伝』ともいう。時宗の開祖一遍の教化遍歴の生涯を描いた絵巻。諸本のうち聖戒《しょうかい》編の京都歓喜光寺《かんぎこうじ》本(一二巻)と宗俊《そうしゅん》編藤沢浄光寺《ふじさわじょうこうじ》本(一〇巻)が代表的。前者の完成は一二九九(正安《しょうあん》元)年で、伝記的・芸術的にも優れている。

▼**伊勢神宮**　三重県伊勢市にある内宮《ないくう》・外宮《げくう》、および別宮《べつぐう》と摂・末社の総称。内宮は天照大神、外宮は豊受《とようけ》の神をまつる。起源不詳であるが、外宮は土着神、内宮は五～六世紀ごろ畿内《きない》から移したと伝える。古代には、最高の国家祭祀《さいし》の対象。中世に、御師《おし》の勧進を受けとおして、武士の御厨寄進を受けた。

まず、前者の神社参拝についてである。一遍の時宗の原点である浄土宗の祖法然は「コノ世ノタメニスル事ハ、往生ノタメニテハ候ハネハ仏神ノイノリ、サラニクルシカルマシク候也」(「津戸の三郎へつかはす御返事」『昭和新修法然上人全集』)というように、「往生ノタメニテハ候ハネハ」と条件をつけながらも、念仏行者の余神《よしん》・余仏を肯ずる立場をとっている。しかし、その一方で「弥陀《みだ》を礼拝するを除いての已外、一切の諸余の仏・菩薩等およびもろもろの世天等において礼拝恭敬するを、ことごとく礼拝雑行と名づく」(『選択本願念仏集』)と余神・余仏の価値を排除している。この一見矛盾する併存をどう理解すべきであろうか。

私は前者の条件付きの神祇容認は、日常の素朴な呪術《じゅじゅつ》的ないし霊物を祈念する自然的な「神祇崇拝」をさし、後者の神祇観は前章で確認した「体制宗教」の物差となるイデオロギーとしての「神祇信仰」をさしているととらえている。前者の自然的な「神祇崇拝」は、ときとして念仏の護法神となることもある。

法然のこうした並立的な神祇観は弟子の親鸞《しんらん》にも継承されている。たとえば、親鸞も「天神地祇はことごとく、善鬼神となづけたり、これらの善神みなともに、念仏のひとをまもるなり」(『現世利益和讃《げんせりやくわさん》』▲)と、余神・余仏の護法的立場を認めている。しかし、体制的なイデオロギーとしての「神祇信仰」に対しては、

涅槃経《ねはんきょう》に言はく、仏に帰依《きえ》せば、終《つい》にまたその余のもろもろの天神に帰依せざれ(『教行信証《きょうぎょうしんしょう》』)

般舟三昧経《ばんじゅざんまいきょう》に言はく、優婆夷《うばい》、三昧を学ばむと欲せば、乃至《ないし》、天を拝し神を祠祀《しし》することを得ざれ(同右)

と、真正面から否定している。一般にいう、親鸞の「神祇不拝」を表出した部分であり、本書が親鸞を「反体制宗教」者と評する所以《ゆえん》でもある。

このように、一遍の思想的原点である法然と親鸞においては、自然的ないし護法的な「神祇崇拝」を容認していたが、それも全面的というよりは条件付きの部分的な容認であった。念仏門の世界に照らせば、弥陀以外の余神・余仏を排するのが基調となっており、全体としては、「神祇信仰」の排除=「神祇不拝」として「反体制宗教」の立場をとるのが一般的であった。

こうした念仏門の本来的な神祇観に即してみれば、一遍の一三社への神社参詣はすこぶる異常であるといわざるをえない。

▼**『現世利益和讃』** 親鸞が撰した和讃。和讃とは、七五調四句を基調とする日本語の仏教讃歌《さんか》のことで、そのうち、神仏への信仰により享受する現世での恩恵を讃える和讃をいう。親鸞は称名《しょうみょう》念仏による現世利益を歌で讃えた。

神社参詣の背景

では、一遍はどのような神祇観に立って神社参詣をしたのであろうか。その辺のことを『一遍聖絵』に聴いてみよう。一遍の遠い先祖の越智益躬《おちますみ》は大三島《おおみしま》（愛媛県越智郡）に鎮座する三島社《みしましゃ》の氏人《うじびと》であり、祖父の通信《みちのぶ》も同社の氏人として「参社のたびにはまのあたり神体を拝し、戦場の間にはかねて雌雄をしめし給き」というように、神への信心深い人物であった。このような宗教環境に育った一遍であるから、遁世《とんせい》修行の身になっても、氏神としての三島社には、「垂迹《すいじゃく》の本地をあふぎて法施をたてまつり給」て参拝をおこたることがなかった。

この氏神への参詣目的について、一遍はずばりこう語っている。

本迹の本懐をたづねるに、衆生《しゅじょう》の出離をすゝめんがためなれば、仏法を修行せん人は神明の威光をあふぎたてまつるべきものをや。

念仏の修行者一遍にとって氏神の威光はみずからの行《ぎょう》を守護してくれる護法神そのものであった。一遍にしてみれば、法然や親鸞が余神・余仏として極力避けようとした神々（「神祇崇拝」）はなんら異和感もなく、ごく自然に参拝してやまない日常的にして風土的な神々であった。その点、同じ念仏門に連なるとはいえ、法然・親鸞とは大きく相異しているといわざるをえない。

もう一つの注目ポイントは、一遍の参詣した一三社は地方神が中心であり、伊勢神宮や鶴岡八幡宮などの国家神が含まれていない点であった。これをどう理解すべきであろうか。

氏神社の三島社に象徴されるように、一遍が地方神社には、厚い信仰心を向けながら、中央の国家神には参詣しなかったということは、そこに一定の神社観があったからである。一遍は神社の世界にある住み分けをしていたのである。

一遍は、神社のなかでもっとも清浄を求められるのが国家神としての伊勢神宮であることをもちろん、熟知していた。そのことがつねに念頭から離れることがなかったとさえいえるかも知れない。『一遍聖絵』の第七巻の近江《おうみ》の草津《くさつ》で伊勢神宮が念仏の結縁にあらわれた話と、蜂の姿であらわれたというのが、その例である。

ただいま結縁のために伊勢大神宮のいらせ給に、山王もいらせ給なり。不信のものども小神たちに罰せられて、おほく病悩のものありぬとおぼゆるぞ、と仰せられき……伊勢大神宮のいらせ給はむずるが、蜂にて現ぜさせ給ふべきなり、との給ける。

文中の「不信のもの」が罰せられたということは、時衆《じしゅう》のなかに伊勢神宮の「清浄」に対して反感をいだく者がいたことを意味している。

この国家神の伊勢神宮に対して、一遍は一度も参詣しなかった。それが時宗の歴史のなかで実現するのは、二祖他阿弥陀仏真教《にそたあみだぶつしんきょう》▲のときである。そのことについて『遊行上人縁起絵』▲はこう記している。

凡《およそ》当宮ハ僧尼参詣の儀たやすからざるうへ、此の如く遊行多衆の聖、宮中へ入給事《いりたまうこと》いまだ其の例なし

と。一遍にとって、伊勢神宮の「清浄」のことが神祇観のうえで、もっとも難解な一大課題であった。この課題の存在が地方神と国家神の分別を決定づけていたとも推定される。もう一歩進めていえば、一遍は地方の風土としての神々を念仏の護法神として積極的に受容し参詣もしたが、「清浄」の壁をもつ伊勢神宮に代表される国家神に対しては、「結縁」の形で接近しつつも直接参拝しなかった。それは、法然や親鸞のように「神祇不拝」の立場で「反体制」たらんとしたためではない。

▼**他阿弥陀仏真教**　一二三七〜一三一九年。鎌倉時代後期の僧。時宗の第二遊行上人。一二七七(建治《けんじ》三)年、九州遊行中の一遍に出会い、その門にはいる。一遍の死後、その後継者となり、北陸と関東を中心に布教伝道し、教団の発展につとめた。

▼**『遊行上人縁起絵』**　宗俊《そうしゅん》(生没不詳)の撰。一三〇三(嘉元《かげん》元)年ごろの成立。全一〇巻。最初の四巻が一遍の伝、残りの六巻が時宗二祖他阿弥陀仏真教の伝。多くの異本があり、それだけ親しまれたといえる。

それは、「清浄」を旨とする伊勢神宮を参拝するもよし、せざるもよしとする参拝の価値判断を止揚する「超体制宗教」者であったからである。この一遍における「浄と不浄」ないし「信と不信」の難題を解決・克服したのが熊野参宮であった。これは一遍の神祇観のなかでもっとも決定的な出会いであった。

熊野神託

一二七四(文永十一)年は、日本にとっても、一遍にとっても忘れられない画期的な年であった。中世日本にとっては、その年の十月、国運を決する「文永の役」があったからである。一遍にとっては、念仏者としての遊行人生を決定づけるある出会いがあったからである。

この年の二月八日、一遍は妻の超一《ちょういつ》と娘の超二《ちょうに》および従者の念仏坊《ねんぶつぼう》の同行三人をともない生国《しょうごく》の伊予国をでた。一行はその後、摂津《せっつ》国の四天王寺《してんのうじ》▲に参籠したあと、夏のころ高野山《こうやさん》▲へと道をとった。

一遍は熊野本宮に向かう途中、一人の僧と出会い、次のような思いもよらぬやりとりをすることとなる(『一遍聖絵』、文中の「聖」とは一遍のこと)。

▼四天王寺　大阪市天王寺《てんのうじ》区元《もと》町《まち》にある天台宗の寺。五四一(欽《きん》明《めい》二)年、聖徳太子《しょうとくたいし》が摂津玉造《たまつくり》の岸に創建したのに始まる。八三六(承和《じょうわ》三)年落雷で火災後、何度も焼失を繰り返したのち復旧。中世以降、太子信仰により信仰を集めた。

▼高野山　和歌山県伊都《いと》郡高野町にある山。八一六(弘仁《こうにん》七)年、空海《くうかい》が嵯峨《さが》天皇の許可をえ、道場と僧房(金剛峰寺《こんごうぶじ》)をはじめ堂塔を建て、以来、真言宗の本拠地として栄えた。塔頭《たっちゅう》寺院は壇上伽藍《だんじょうがらん》を中心に一〇谷がある。

一遍と妻，娘　『一遍聖絵』第２巻第２段の一遍の家族を伝える。妻(超一)，娘(超二)である。

一遍上人，僧尼の念仏踊り図　一遍の俗事から解放された心境が，念仏踊りのなかに凝縮されている。

熊野山中で出会った僧　『一遍聖絵』第３巻第１段の一遍が熊野宮に向かう途中，山中で一人の僧に出会ったときの図。

爰《ここ》に一人の僧あり。聖すゝめての給はく「一念の信をおこして、南無阿弥《なむあみ》陀仏《だぶつ》と唱て、此札を受給ふべし」と。僧のいはく「今一念の信心をこりはべらず。うけば妄語なるべし」とてうけず。聖の給はく「仏教を信ずる心おはしまさずや。などかうけ給はざるべき」。僧のいはく「経教《きょうきょう》をうたがはずといへども、信心のおこらざる事はちからおよばざる事なり」と。時にそこばくの道者《どうじゃ》あつまれり。此僧若《も》しうけずば「皆うくまじきにてはべりければ、本意にあらずながら、信心おこらずとも、うけ給へとて、僧に札をわたし給ひけり。是を見て、道者皆悉《みなことごと》くうけはべりぬ。僧は逝《ゆ》くかたをしらず。

一遍は道すがらの僧に「一念の信」を発して「南無阿弥陀仏」と唱えなさいと念仏札を差しだした。ところが、その僧は信心が起こらないからと、受取りを拒否した。そこを一遍は強引に「信心おこらずとも、うけ給へ」と受け取らせたというのである。

このみずからのした勧進《かんじん》の所業を「此事思惟《しゆい》するに、勧進のをもむき、冥慮《めいりょ》をあふぐべし」と思い、一遍は本宮証誠殿《しょうじょうでん》の前で神意をあおぐべく願《がん》を立てて祈った。

するとと、目を閉じてまだうとうとともしないうちに、御殿の戸を押し開いて、「白髪なる」山臥《やまぶし》が長頭巾《ときん》をかけてあらわれた。長床《ながとこ》には、三〇〇人ばかりの山臥が首を地につけて礼敬している。一遍はこのとき「熊野権現《くまのごんげん》では」と思い信仰していると、その山臥が一遍の前にあゆみよって、こう話された。

「融通念仏すすむるひじり、いかに念仏をばあしくすすめらるゝぞ。御坊のすゝめによりて、一切衆生はじめて往生すべきにあらず。阿弥陀仏の十《じっ》劫正覚《こうしょうがく》に、一切衆生の往生は南無阿弥陀仏と決定《けつじょう》する所なり。信不信をえらばず、浄不浄をきらはず、其札をくばるべし」としめし給ふ。

熊野権現は一遍に対して、どうして念仏を誤って勧めているのかといわれたあと、「一遍(御坊)の勧めによって一切衆生がはじめて往生するのではない。阿弥陀仏が十劫という遠い昔に悟りを開いたとき、すでに一切衆生の往生は南無阿弥陀仏と定まっているのです。信不信を選ばず、浄不浄をきらわずに、その札を配るとよい」と示されたというのである。

このあと目を開いてみると、十二、三歳ころと思われる童子が一〇〇人ばかり集まってきて、手を差し伸ばして「その念仏を受けましょう」といって札をとり、「南無阿弥陀仏」ととなえてどこともなく去っていった。

この「信不信をえらばず、浄不浄をきらはず、其札をくばるべし」という熊野権現の神託が、これまでの一遍の念仏に対する疑問をはらすとともに、明日の賦算《ふさん》に対する安心《あんじん》と保証を提示したものであることは、いうまでもない。そのことを一遍自身、「大権の神託をさづかりし後、いよいよ他力本願の深意を領《りょう》解《げ》せり」と語っている。

私はこの神託には、一遍の宗教人生のうえで二つの大きな意義が潜んでいると思っている。

まず一つは、この神託が「浄不浄をきらはず」に念仏札を配るべしと示した点である。これによって、当時の社会的弱者である非人《ひにん》層にどれほど救済の道が開かれたことか。『一遍聖絵』のなかに描かれている寺社や市場の周辺に集う非人たちの姿を思うとき、この神意のもつ意義は測り知れず大きいことを痛感させられる。

この神託が「浄不浄をきらはず」に念仏札を配れと教え示したことのもう一つ

の意義は、前にみた一遍自身の「地方神」と「国家神」の分別意識に関してである。一遍にとって、みずからの三島社がそうであったように、氏神のような「地方神」は念仏の護法神であり、日常生活のなかにある風土の神々であった。それに対して、一遍はつねに伊勢神宮に代表される「国家神」としての神々には、「清浄」なる忌避観念をいだいていた。そのことが表面的には、「国家神」への不参となってあらわれたと解されるが、一遍の思想にとって、より重要なことは表面的な不参という事蹟ではなく、その不参を思想の内奥でどう解釈していたかである。

誤解を恐れずにいえば、私はこの「浄不浄をきらはず」という神託によって、一遍自身の「地方神」と「国家神」の分別意識は克服されたと思う。神託に示された「信不信をえらばず、浄不浄をきらはず」の神意は、一遍に「地方神」と「国家神」の分別を超越・止揚させるに十分な神的霊験力を発揮していると思われる。

古代末〜中世の熊野権現は、「日域ノ浄土也、故ニ一度参詣ノ輩ハ決定往生ノ者トハ定也」（『渓嵐《けいらん》拾《しゅう》葉《よう》集《しゅう》』）というように、「日本の浄土」として数多くの崇信を集めていた。その熊野権現において、一遍は「他力本願の深意」を領解したのである。

こうした遊行人生のうえで大きな転機となる神との出会いをとげた一遍は、この一二七四年の六月十三日、二月八日から同行してきた超一(妻)と超二(娘)となぜか今生《こんじょう》の別れを告げて、またあらたな遊行の旅にでることになる(「いまはおもふやうありて、同行等をもはなちすてつ」)。

③仏国土の構築——法華と念仏

「法華経世界」の構築

日蓮の生涯は、法難《ほうなん》と弾圧に彩られた六〇年であった。こんな宗教者は、日本の宗教史上に例をみない。その悲惨な足跡をたどってみると、最初は一二五三(建長《けんちょう》五)年に故郷の清澄寺《せいちょうじ》▲で法華宗《ほっけしゅう》を開示したときにこうむった地頭《じとう》東条景信《じょうかげのぶ》▲による迫害である。

第二は、「災難興起由来《さいなんこうきゆらい》」と「災難対治鈔《たいじしょう》」をベースに一二六〇(文応《ぶんおう》元)年に書き上げた『立正安国論《りっしょうあんこくろん》』を執権時頼《しっけんときより》に上呈した(第一回の諫暁《かんぎょう》)ことが災いして処罰された「伊豆伊東《いずいとう》」の流罪《るざい》である。

第三は、伊豆伊東の流罪が赦《ゆる》されたあと一二六四(文永《ぶんえい》元)年、重病の母を見舞うべく帰省した折に、またもや地頭東条景信に襲われた「松原《まつばら》法難」である。

第四は、一二六八(文永五)年に二度目の『立正安国論』の上呈を行ったこと、および七一(同八)年に真言律宗《しんごんりっしゅう》の忍性《にんしょう》▲と祈雨の験《げん》を争ったことが引き金になって逮捕され、竜口《たつのくち》▲の斬首におよばんとした「文永八年の法難」である。この法

▼**清澄寺**　千葉県鴨川市にある日蓮宗の寺院。奈良時代に創建、一時中絶し平安《へいあん》時代に円仁《えんにん》が再興した延暦寺横川《えんりゃくじよかわ》系の天台寺院。

▼**東条景信**　生没年不詳。鎌倉時代中期の武士。安房国長狭《ながさ》郡東条は、一一八三(寿永《じゅえい》二)年、頼朝《よりとも》により伊勢《いせ》神宮に寄進され、東条御厨《みくりや》となった。その地頭の東条景信は、清澄寺の浄土宗への改宗をめぐり日蓮と対立した。

▼**忍性**　一二一七～一三〇三年。鎌倉末期の真言律宗の僧。良観《りょうかん》と号す。大和《やまと》の出身で叡尊《えいそん》に師事して受戒《じゅかい》。一二六一(弘長《こうちょう》元)年、鎌倉にはいって戒律《かいりつ》を広め、北条時頼・長時《ながとき》らの帰依《きえ》をえて光泉《こうせん》寺《じ》・極楽寺《ごくらくじ》を開く。貧民救済・道路建設などの社会事業を推進。

▼**竜口**　神奈川県藤沢《ふじさわ》市片瀬《かたせ》にある刑場の名。

竜口の法難(『日蓮聖人註画讃《ちゅうがさん》』)
日蓮処刑の際、飛来した光り物に恐れ退く武士たち。

難により、三年におよぶ佐渡《さど》流罪の身となったことは、人のよく知るところである。

その流罪が赦された一二七四(文永十一)年に三度目の諫暁を行うものの、受け容れられず、失望と諦念《ていねん》の思いで身延《みのぶ》に入山。一二七九(弘安《こうあん》二)年、この身延の地で農民信徒が受けた集団弾圧を支援する。これが五度目にあたる生涯最後の「熱原《あつはら》法難」である。

日蓮は生涯のなかで、おもだったものだけでもこのように五回にわたる法難・弾圧をこうむった。日蓮をここまで追いつめたのは、なにであったのだろう。この謎を解くカギが日蓮みずからの「四箇格言《しかかくげん》」に秘められている。「四箇格言」とは、日蓮の他宗批判の総称をさしており、「念仏無間《ねんぶつむげん》」「禅天魔《ぜんてんま》」「律国賊《りっこくぞく》」「真言亡国《ぼうこく》」の四つのことである。

「念仏無間」とは、法然《ほうねん》を中心とする念仏門「浄土宗《じょうどしゅう》」を信じる者は、無間地獄に落ちるとする浄土宗批判である。この批判は、一天台宗《てんだいしゅう》僧の立場、すなわち前の「公家的《くげてき》体制宗教」者の視点での批判であり、その意味で他の三つとは性格を異にして、日蓮の思想としては初期に属するものである。「禅天魔」と「律国賊」および「真言亡国」は、臨済禅《りんざいぜん》と律宗そして真言宗を批判したものである。この批判は前に指摘した鎌倉幕府の臨済禅と真言密教《みっきょう》による「禅密《ぜんみつ》主義」＝「武《ぶ》家的《けてき》体制宗教」の批判として表出したものである。いうなれば、日蓮が「体制」志向者から幕府批判という「反体制」宗教者への思想転換をとげた証しともいえる批判である。

このように、日蓮の「公家的体制宗教」者の立場から発した『立正安国論』の上呈も、幕府の「禅密主義」による「武家的体制宗教」の前に無惨にも打ち砕かれた。このときから、日蓮の人生は法難と弾圧に彩られていくことになったのである。

では、日蓮はその法難と弾圧のなかからどのような宗教世界を構築していったのだろうか。いよいよ、「法華経《ほけきょう》世界」を語るときが来た。

私は日蓮の全体像を「法華経世界」ととらえ、それは佐渡流罪を境にして、「体制」志向の時期→佐渡流罪中の「体制」に対する懐疑の時期→佐渡流罪後の「反体制」の時期という思想変容をとげながら構想され、その世界はおおよそ次の三つの営みを通じて構築されていた、と考えている。すなわち、一つは、「法華経」弘通《ぐつう》の条件構築、二つは「法華経」弘通の使命構築、三つは「法華経」弘通の保障構築、という三つの営みである。以下、順次その三つの営みについて説明していこう。

第一の「法華経」弘通の条件構築であるが、これについて日蓮は次の四つの思想操作を行っている。一つは、「法華経」をもって実語化するとともに、諸経の大王《だいおう》とみなす操作である。「法華経は実語の中の実語なり」（「妙法尼御前《みょうほうにごぜん》御返事」）と「法華経は大王也。天子《てんし》の如《ごと》し。然れば華厳宗《けごんしゅう》・真言宗等の諸宗の人々は国主の内の所従等也」（「内房女房《うちぶさにょうぼう》御返事」）は、その具体的な証拠である。

二つは、他宗の徹底した批判の結晶としての「四箇格言」の表出である。「我が師は法華経を弘通し給とてひろまらざる上、大難の来れるは、真言は国をほろぼす、念仏は無間地獄、禅は天魔の所為、律僧は国賊との給ゆへなり」（「諫暁八幡抄《はちまんしょう》」）はその成句的な表出例である。

「法華経」の国内弘通を許すか許さないかは国主次第ととらえる日蓮にとって、国主観も不可欠な思想操作であった。この三つ目の操作について、こう語っている。

相伝の所従に責随《せめしたがえ》られて主上、上皇《じょうこう》共に夷島《えびすしま》に放れ給……所《つまる》レ詮《ところ》実経の所領《しょりょう》を奪取て権経ナル真言の知行《ちぎょう》となせし上、日本国の万民等、禅宗、念仏宗の悪法を用し故に、天下第一先代未聞の下剋上《げこくじょう》出来せり。而《しかる》に相州は謗法《ほうぼう》の人ならぬ上、文武《ぶんぶ》きはめ尽せし人なれば、天許《てんゆる》し国主となす。（「下山《しもやま》御消息」）

日蓮は承久《じょうきゅう》の変《へん》を回想しつつ北条義時《ほうじょうよしとき》を「謗法の人」でないのに加え、「文武きはめ尽せし人」である理由から、日本国の国主と認めたのである。

このように、日蓮にとって、国主の比定も「四箇格言」とともに「法華経」弘通のうえで重大な思想操作であったが、実は看過できないもう一つの操作があった。仏国土の象徴的な表明ともいえる「釈尊御領《しゃくそんごりょう》」観がそれである。

娑婆《しゃば》世界は五百塵点劫《ごひゃくじんてんごう》より已来教主釈尊の御所領也。大地、虚空《こくう》、山海、草木一分も他仏の有ならず。又一切衆生《いっさいしゅじょう》は釈尊の御子也。（「一谷入道《いちのさわにゅうどう》御書」）

この古代天皇制のイデオロギーとしての「王土王民《おうどおうみん》」思想を否定し、その裏返しともいえる釈尊のもとにおける国土とその国民を詠う「釈尊御領」観こそ、日蓮にとって「法華経」の弘通を絶対的に支える思想操作であった。

二つ目は、「法華経」弘通の使命構築という営みである。『立正安国論』の上呈が黙殺され、身命までもすてたとされる一二七一年の「竜口法難」を体験した日蓮は、流罪先の佐渡にいたるや、過去の行状《ぎょうじょう》の数々を深く回想し、内省の日々を送った。その思索の果てにたどりついたのが、「人開顕《にんかいけん》」の書といわれる『開《かい》目抄《もくしょう》』である。そのなかで、日蓮は仏教者としての使命感をこう述べている。

経に云く、有諸無智人悪口罵詈等《もろもろのむちじんのあっくめりなどあり》、如刀杖瓦石《とうじょうがしゃくのごとし》等云云。今の世を見るに、日蓮より外の諸僧、たれの人か法華経につけて諸人に悪口罵詈せられ、刀杖等を加る者ある。日蓮なくば此一偈《このいちげ》の未来記《みらいき》は妄語《もうご》となりぬ。

日蓮は「法華経」を「未来記」と受けとめ、それを実語化しようとするなかで、みずからの仏使としての意識を燃焼させ値難《ちなん》を正当化したのである。

日蓮はこの仏使意識を別のところでこうも語っている。

日蓮、法華経の法師なる事疑なきか。則如来使《すなわちにょらいのつかい》にもにたるらん……多宝《たほう》塔《とう》中にして二仏並坐の時、上行《じょうぎょう》菩薩《ぼさつ》に譲り給し題目《だいもく》の五字を日蓮粗ひろめ申なり。此即上行菩薩の御使歟。（「四条金吾殿《しじょうきんごどの》御返事」）

上行菩薩が仏から付与された法は、五字の題目である。それを日蓮が弘通しているのだから、自分は如来の使いであるとともに上行菩薩の使いでもある、といっているのである。

日蓮のこのような「仏使意識」と「上行菩薩の再誕」という意識が一つの法脈として結晶化したのが、ほかでもなく、天竺《てんじく》の釈尊、震旦《しんたん》の天台大師智顗《てんだいだいしちぎ》▲、本朝《ほんちょう》の伝教大師最澄《でんぎょうだいしさいちょう》▲についでみずからを位置づけた「三国四師」観である。この天台宗的な法脈を表明したのが、佐渡流罪中の「顕仏未来記」という著作のなかでのことである。

三つ目は、「法華経」弘通の保障という営みである。この保障は、二つの営みからなっており、一つは前述した「法華経神祇」の創出によって達成されるものである。したがって、ここでは繰り返さない。今一つは、日蓮が蒙古襲来《もうこしゅうらい》軍を「懲罰軍」ととらえ、それをみずからの「法華経」弘通の保障としたという営みをいう。これについては、次章で詳述することとし、ここでは深追いはしない。

以上のように、日蓮は「法華経世界」を「法華経」の弘通条件と使命そして保障という三つの思想操作をとおして構築していった。この世界にあっては、「正法《しょうぼう》」としての「法華経」、「謗法」としての他経・他宗という二者択一の、物差し

▼**天台大師智顗**　五三八〜五九七年。中国・陳《ちん》から隋《ずい》初の僧。中国仏教形成の第一人者とされ、天台宗の開祖。『法華経』によせて全仏教を体系づけた。『法華玄義《げんぎ》』『法華文句』を著わした。放生会《ほうじょうえ》の創始者でもある。

▼**伝教大師最澄**　七六六〜八二二年。平安初期の天台宗の開祖。近江《おうみ》滋賀の人。七八五(延暦《えんりゃく》四)年、比叡山《ひえいざん》に草堂を建て、のち延暦寺《えんりゃくじ》と称した。八〇四(延暦二十三)年、空海《くうかい》とともに入唐《にっとう》、翌年帰朝し天台宗を開いた。大乗戒《だいじょうかい》の開示をめぐり南都《なんと》教団と対立した。

か存在しない。日蓮はこの骨太の「法華経」至上主義の世界を法難と弾圧に苦悩する六〇年の生涯のなかで打ち建てた。

霊山往詣

本題にはいる前に、少しばかりの道草を許されたい。実は、私の勤務校の「日本人の生死観」を考える授業のなかで、学生たちに「人はなぜ死を恐れるか」というアンケートをしたことがあるので、その結果を紹介したいと思う。圧倒的に多いのは、次の四つであった。(1)「自己存在の喪失」、(2)「人生にやり残した未練」、(3)「肉親・友人たちとの別離」、(4)「未知なる世界への不安」。読者の皆さんの場合はそのうちのどれであろうか?

「死とその恐怖」についての知識は、人間が動物状態から進化したとき、最初にえたものだという趣旨のことをいったのは、確かフランスの啓蒙思想家ルソー▲であったと思うが、これは人類の歴史に照らしてみて、正鵠《せいこく》を射た言葉であろう。いわゆる鎌倉新仏教の道元《どうげん》がその主著『正法眼蔵《しょうぼうげんぞう》』の「生死《しょうじ》」巻のなかで「この生死は、即ち仏の御いのち也。これをいとひすてんとすれば、すなわち

▼**ルソー**　一七一二〜七八年。フランスの思想家。ジュネーヴの時計職人の子。「自然に帰れ」をモットーに自然における人間の善性・良識を主張して文明社会を批判。また社会契約に基づく人民主権を提唱し民主主義を準備した。

仏の御いのちをうしなはんとする也」と語ったのも、まったく、むべなるかなと思う。

宗教者にとって、「生と死」、「来世と救い」は、その人生にとって最大の宗教課題であった。否、宗教者はその一点の思索と実践のために生きたといえるかも知れない。

さて、それでは、日蓮の生死観はどうであろうか。やはり、日蓮の場合も「先ず臨終の事を習うて後に他事《たじ》を習ふべしと思ひて」（「妙法尼御前御返事」）聖教《しょうぎょう》類を学びはじめたということからして、日蓮にとっても「死」は一大命題であった。

日蓮は「南無妙法蓮華経《なむみょうほうれんげきょう》の七字のみこそ仏に成る種には候へ」（「九郎太郎殿御返事」）と、題目の七字こそ生死を離脱し仏となるべき教えであると説いた。七字の唱題《しょうだい》によって、この世にいながらにして未来の成仏《じょうぶつ》が可能であるとも説いた。現世の信心が未来を利益するのは、釈尊による過去・現在・未来の三世にわたる変わることのない衆生の教導が永続するという「所化以同体《しょけもってどうたい》」（「観心本尊抄《かんしんほんぞんしょう》」）の世界が実現するからである。

このように日蓮は、題目受持《じゅじ》によって、現在の成仏と同時に未来永劫にわたり、釈尊とともにある自己を実現できると説いた。つまり永遠の命である久遠《くおん》釈尊の世界に生きる「不滅の生」がそこに実現すると教えたのである。日蓮は釈尊のいる世界への旅立ちを「霊山浄土《りょうぜんじょうど》」への往詣《おうけい》といい、門弟・信者たちの死後の救済をこの教えによって実現しようとした。

ここに、日蓮が一二八〇(弘安《こうあん》三)年九月六日、夫に先立たれ、あまつさえ愛し子の息子まで喪った女性信者を慰めるべく認《したた》めた一通の消息《しょうそこ》がある。

南條七郎五郎《なんじょうしちろうごろう》殿の御死去の御事。人は生て死するならい《習》とは、智者も愚者も上下一同に知て候へば、始てなげく《歎》べしをどろく《驚》べしとわをぼへ《覚》ぬよし《由》、我も存、人にもをしへ《教》候へども、時にあたりてゆめ《夢》かまぼろし《幻》か、いまだ《未》わきまへ《弁》がたく候。まして母のいかんがなげ《歎》かれ候らむ。父母にも兄弟にもをくれ《遅》はてて、いとをしきをとこ《夫》にすき《直》わかれ《別》たりしかども、子ども《供》あまたをはしませば、心なぐさみ《慰》てこそをはし候はむ。いとをしきてこご《子》、しかもをのこご《男子》、みめかたちも人にすぐれ《優》、心もかいぐ〳〵しくみへしかば、よそ《他所》の人々もすずしく《清》こそみ候しに、あやなく《文無》つぼめる花の風に

久遠寺　日蓮が身延で入山した寺院で、遺骨もおさめる。

しぼみ、満月のにわかに失たるがごとくこそをぼ《（思）》すらめ。まことともをぼ《（覚）》へ候はねば、かきつくるそらもをぼ《（覚）》へ候はず。又々申べし。　恐々謹言

九月六日　　　日蓮（花押）

上野殿御返事

追伸、此六月十五日に見奉り候しに、あはれ肝《きも》ある者哉、男也男也と見候しに、又見候はざらん事こそかなしくは候へ。さは候へども釈迦仏、法華経に身を入て候しかば臨終目出候けり。心は父君と一所に霊山浄土に参りて、手をとり頭を合わせてこそ悦ばれ候らめ。あはれなり、あはれなり。

（「上野殿御家尼御前御書」）

日蓮は霊山往詣を、現在の成仏の延長としての死後の成仏であり、死からの救済であると教えたのである。日蓮とその信者にとって題目を受持する現在の成仏者は未来の成仏者である。なぜならば、日蓮にとって、「今本時の娑婆世界は常住の浄土」（『観心本尊抄』）というように、久遠の昔と現在は変わることなく一体であり続けるからである。日蓮はそれを「霊山への旅立ち」と教え示していった。

「念仏が念仏を申す」念仏

人には誰にでも、その人がきざんだ人生の節がある。節のない人生なんてありえない。日蓮は「体制」との関わりのなかに、みずからの人生をダイナミックに描いていった。同じ鎌倉時代に、同じ宗教者として生きた一遍は、みずからの人生の節をどうきざんでいったのだろうか。

一遍研究の第一人者である今井雅晴は、一遍の生涯を大きく二区分している。それによれば、一遍の生涯の前期は、誕生から一二七三(文永十)年に故郷の伊《い》予国菅生《よのくにすがお》▲の岩屋に参籠し、遁世《とんせい》の素意を祈念したときまでの三五年間である。この時期は一遍にとって、「上求菩提《じょうぐぼだい》」の時期であり、まさに「求道者《ぐどうしゃ》一遍」が基調をなす時期である。

後半は一二七三年から入滅までの一七年間であり、それは「下化《げけ》衆生」の時期であり、「伝道者一遍」の本領が発揮される時期である。

一遍はみずからの人生後期のなかで「下化衆生」の念仏伝道をどう展開していたのだろうか。一遍は浄土宗西山《せいざん》派の祖証空《しょうくう》▲の弟子にあたる筑前大宰府《ちくぜんだざいふ》の聖《しょう》達《たつ》に師事した念仏門の人である(「法水分流記《ほうすいぶんるき》」)。同じ念仏門に属しながら鎌倉

▼**菅生**　『一遍聖絵』に一二七三(文永十)年、一遍が「予州浮穴《うきあな》郡に菅生の岩屋といふところに参籠し給ふ」とあるのは、現在の上《かみ》浮穴郡久万《くま》高原町岩屋寺《いわやでら》である。

▼**証空**　一一七七～一二四七年。鎌倉時代前期の僧侶。法然の高弟で、浄土宗西山派の派祖。一四歳で法然の門にはいり、一一九八(建久九)年、法然を助けて『選択《せんじゃく》本願念仏集《ほんがんねんぶつしゅう》』を撰述した。西山の善峰寺《ぜんぽうじ》住持となったので西山上人《しょうにん》といい、その流れを西山派という。

新仏教の旗手法然の浄土宗に連なる法脈のなかで法然の浄土宗と思想的に同じなのだろうか、あるいは法然の高足《こうそく》で浄土真宗《じょうどしんしゅう》の宗祖親鸞《しんらん》とどう違うのであろうか。こんな疑問が私たちには涌いてくる。

では、その疑問を解くために、つぎに一遍の「念仏世界」の旅にでてみよう。

一遍の念仏を考えるうえで、前期の「求道」時代に体験・実践した善光寺《ぜんこうじ》での参籠は相当大きな意味をもっている。一二七一（文永八）年、一遍、三三歳のときである。これについて『一遍聖絵《ひじりえ》』はこう伝えている。

> 我いま宿縁浅からざるによりて、たまたまあひ奉る事をえたりとて、参籠日かずをかさねて、下向のきざみ、善導己證《ぜんどうこしょう》の法門をあらはし、二河《にが》の本尊を図し給ふ。

一遍は善光寺に参籠を重ねるうちに、唐《とう》の浄土教の大成者善導《ぜんどう》▲の教えを絵にあらわした「二河白道《びゃくどう》の図」▲（本扉写真参照）を写した。この図には、南に燃えさかる火の河と北に波立つ水の河、そしてその中間に白道が描かれ、一人の旅人が今、西へ向かおうとしている。道の東岸（穢土《えど》）から釈尊が、西岸（極楽浄《ごくらくじょう》土《ど》）から阿弥陀仏《あみだぶつ》が白道を渡って浄土にたどりつくよう励ましているようすが

▼**善導**　六一三〜六八一年。中国唐代の浄土教家。道綽《どうしゃく》に師事し、浄土念仏の教えを弘めた。「浄土三部経」の一つである『観《かん》無《む》量寿《りょうじゅ》経《きょう》』を解釈して、浄土教の称名念仏の思想信仰を大成。善導の思想は、法然と親鸞に大きな影響をあたえた。

▼**「二河白道の図」**　西方浄土を願う者が、釈尊と阿弥陀如来に守られながら、極楽浄土に往生することを描いた図。

描かれている。

一遍はこの旅人にみずからを重ね、その「二河白道の図」をみて感得し、求道のための本尊としたのである。

このような未曾有の宗教体験をした一遍は、この年の秋、故郷伊予の窪寺《くぼでら》で▲将来を決定づける修行を行うことになる。これについても、『一遍聖絵』は次のように伝える。

同年秋の比《ころ》、予州窪寺といふ所に、青苔緑羅《せいたいりょくら》の幽地をうちはらひ、松門《しょうもん》柴戸《さいこ》の閑室をかまへ、東壁にこの二河の本尊をかけ、交衆をとどめて、ひとり経行し、万事をなげすてゝ、専称名《もはらしょうみょう》す。四儀の勤行《ごんぎょう》さはりなく、三とせの春秋をおくりむかへ給ふ。かの時己心領解《こしんりょうげ》の法門とて、七言の頌《じゅ》をつくりて、本尊のかたはらのかきにかけ給へり。其詞云、

十劫正覚衆生界《じっこうしょうがくしゅじょうかい》　一念往生弥陀国《いちねんおうじょうみだこく》
十一不二証無生《じゅういちふにしょうむじょう》　国界平等坐大会《こっかいびょうどうざだいえ》

一遍は窪寺に粗末な閑室をつくり、その東壁に、前に善光寺で写してきた「二河白道の図」をさしかけ、三年のあいだ、すべてのことを投げうち、ひたす

▼**窪寺**　『一遍聖絵』に一二七一（文永八）年秋、一遍が「予州窪寺といふところに」閑室を構えたとあるのは、浮穴郡窪野《くぼの》の地（現在の松山《まつやま》市窪野町丹波《たんば》）である。

ら念仏三昧《ざんまい》の修行を行った。そしてその修行の心奥を、七言からなる頌(「十一不二頌」)に著わして、本尊である「二河白道の図」のかたわらにかけた。

一遍独自の領解という「己心領解」の「十一不二頌」とは、大略次のような意味である。

「十劫正覚衆生界」(「十劫の正覚は衆生界のためなり」、十劫という昔に、法蔵《ほうぞう》菩薩が正しい悟りをえて阿弥陀仏になったのは、すべての人びとのためである)。

「一念往生弥陀国」(「一念にて弥陀国に往生す」、人びとは一度、「南無阿弥陀仏」と念仏をとなえれば、阿弥陀仏の極楽浄土に往生できる)。

「十一不二証無生」(「十と一は不二にして無生を証す」、十劫の昔に、法蔵菩薩が正しい悟りをえて阿弥陀仏になったことと、ただ今、人びとが「南無阿弥陀仏」と一声となえて極楽浄土に往生することは、時間を超越して同時であり、生死の苦しみを超えた悟りをあらわしている)。

「国界平等坐大会」(「国と界は、平等にして大会に坐す」、極楽浄土のある弥陀国と私たちの住む世界は、一回の念仏によって同じになり、私たちはこの世にいながらにして、阿弥陀仏が教えを説かれる大会に坐ることができる)。

▼『一遍上人語録』 時宗《じしゅう》の開祖一遍の頌《げ》・和讃・和歌・消息などを集めたもの。全二巻。第五十二代遊行《ゆぎょう》で清浄光寺《せいじょうこうじ》第二十七世の一海《いっかい》の編。『一遍上人絵伝』とともに、著書のない一遍の教義を伝えるものとして貴重。

一遍はこの「十一不二頌」によって、みずからの悟りの境地を確立し、これを一大転機に、人生後半の宗教伝道を旨とする「下化衆生」の時期にはいる。

一遍のこの時期の念仏観が浄土宗の法然や浄土真宗の親鸞のそれと比べても、似て非なることを示すのが次の一節である。

世の人おもへらく、自力他力《じりきたりき》を分別してわが体を有《も》たせて、われ他力にすがりて往生すべしと、云云。此義しからず。自力他力は初門の事なり。自他の位を打ち捨てて、唯一念仏になるを他力とはいふなり。熊野権現《くまのごんげん》の「信不信をいはず、有罪無罪を論ぜず、南無阿弥陀仏が往生するぞ」と示現し給ひし時より、法師は領解して、自力の我執《がしゅう》を打ち捨てたりと、これは常の仰せなり。（『一遍上人語録』▲下巻十八）。

これに従えば、一遍は自分の本性の我執をそのままにして、自分が仏の力にすがって往生すると考えるのはまちがっているととらえ、しかも自分とか仏とかという立場をすてて、「唯一念仏」（絶対不二）の念仏になるのを「他力」ととらえていたことになる。

法然の念仏観が、「人から仏への働きかけ」、親鸞のそれが「仏から人への働きかけ」に特質があるとすれば、一遍の場合はどうか。法然と親鸞の念仏には、人と仏の二者が存在しているのに対し、一遍の場合は、「人と仏が一体」となる念仏であるから、「人即仏」であり、そこには「人」と「仏」という二者は存在しない。これを一遍は「唯一念仏」ととらえたのである。

仏とわれとが「南無阿弥陀仏」という「名号《みょうごう》」を媒体として一つになる。仏も「南無阿弥陀仏」、われも「南無阿弥陀仏」であり、そこには仏もわれもなく、あるのは「南無阿弥陀仏」だけである。仏もなくわれもなく、「念仏が念仏を申す」念仏といわれる所以《ゆえん》である。

「わがなくして念仏申すが死」

一遍の「唯一念仏」は、「念々の称名は念仏が念仏を申すなり」（『一遍上人語録』）に因んで、「当体の念仏」とか、念仏による救いの害となる身・口・意の三《さん》業《ごう》を超越していることから「離《り》三業の念仏」と呼ばれたりする。

こうした「唯一念仏」「当体の念仏」あるいは「離三業の念仏」を説いた一遍にあって、人の生死観はどうとらえられていたのだろうか。まず、「この世」と「あの世」については、「六道輪廻《りくどうりんね》の間には、ともなふ人もなかりけり、独《ひとり》、むまれて独《ひとり》死す、生死の道こそかなしけれ」(『一遍上人語録』)と説く。人は一人で生まれてきて、一人で死んでいくものだと説いた心情には、一二七四(文永十一)年の熊野参宮のあと、同行の超一《ちょういつ》(妻)と超二《ちょうに》(娘)との今生《こんじょう》の別離が反映されているのだろうか。

一遍のもっとも一遍らしい生死観は、やはり、「南無阿弥陀仏には、臨終もなく、平生もなし、三世常恒の法なり。出る息いる息をまたざる故に、当体の一念を臨終とさだむるなり。しかれば念々臨終なり、念々往生なり」(『一遍上人語録』)と、「当体の念仏」のなかの生死観が一遍的である。一遍はこう説く。

万事にいろはず、一切を捨離して、孤独独一なるを、死するとはいふなり。生ぜしもひとりなり、死するも独なり。されば人と共に住するも独なり、そひはつべき人なき故なり、又わがなくして念仏申《もうす》が死するにてあるなり。

(『一遍上人語録』)

人と仏が一体化する「当体の念仏」にあっては、人がなく、ただ「南無阿弥陀仏」だけが残っている状態を「死」というのである。

④二つの蒙古襲来――列島の北と南から

蒙古国書の到来と幕府の対応

十三世紀の初め、ジンギス＝ハーン▲が宋《そう》に進出し中央アジアと東ヨーロッパを含む大帝国を建設し、世祖フビライ＝ハーン▲のとき、国号を元《げん》とあらためた。その元が高麗《こうらい》▲を征服したあと、日本に服属を求め二度にわたって北部九州に来攻した。これを一般に「蒙古襲来《もうこしゅうらい》」という。しかし、近年の北東アジア史研究の長足の進展により、元帝国にはこの「南からの蒙古襲来」のほかに、黒龍江《こくりゅうこう》流域を中心にする北東アジアの少数民族支配のために画策したもう一つの「北からの蒙古襲来」の事実も指摘されている。

こうした研究状況を踏まえて、本章では「北と南」の二つの蒙古襲来を概観したうえで、日蓮と一遍が宗教者として、それにどうかかわって生きたかを検討してみることにしよう。

フビライの厳命が高麗の使潘阜《はんぷ》を介して大宰府《だざいふ》に到着したのは、一二六八（文永五《ぶんえい》）年正月のことであった。蒙古国書の到来である。

▼**ジンギス＝ハーン**　一一六七～一二二七年。モンゴル帝国の始祖。漢字表記は成吉思汗。早くに父を喪うが、タイチュートら対抗勢力をおさえてモンゴルを統一。中央アジアと西アジアを征し、南ロシアを含む大帝国を形成。西夏《せいか》再征の際、病死。

▼**フビライ＝ハーン**　一二一五～九四年。中国の元の初代皇帝。漢字表記は忽必烈。一二五九年、モンケ（憲宗《けんそう》）が没すると、翌年帝位に即く。一二七九年、南宋を滅ぼし中国の統一を完成。高麗を属国とし、日本に服属を求めて文永と弘安の両度で東征軍を派遣した。

▼**高麗**　十世紀初めに興こった朝鮮の国家。新羅《しらぎ》王朝の末期に開《かい》城《じょう》付近の豪族王建《ごうぞくおうけん》が建国。のち、元の属国となり、文永・弘安の役には元軍に出兵を強いられて国力が衰え、さらに国内が北元《ほくげん》派と明派の二派に分裂し、明派の李成桂《りせいけい》に一三九二年滅ぼされた。

この詔書を受け取った大宰府現地の責任者筑前国守護《ちくぜんのくにしゅご》少弐資能《しょうにすけよし》▲は、これを幕府に送進し、幕府はこれを朝廷《ちょうてい》に取り次いだ。未曾有の緊張が幕府と朝廷をつつんだ。関白近衛基平《かんぱくこのえもとひら》▲はその日記に「国家の珍事、大事なり。万人驚歎のほかなし」と記した。

連日の評議の結果、院《いん》の評定《ひょうじょう》では、返書を送らぬことに決した。そして諸社寺における異国降伏《ごうぶく》の祈禱《きとう》、二十二社▲への奉幣《ほうべい》、伊勢《いせ》神宮への公卿勅使《くぎょうちょくし》の発遣など、朝廷がなしうる神仏・祖霊に対する報告と祈願をことごとく行った。

一方、幕府は讃岐《さぬき》国守護北条有時《ほうじょうありとき》に、次のような指令を発した。二月二十七日のことである。

蒙古人、凶心をさしはさみ、本朝《ほんちょう》を伺うべきの由、近日、牒使を進むるところなり。早く用心すべきの旨、讃岐国御家人《ごけにん》等に相触れらるべし。

蒙古が日本をうかがう「凶心」をかぎとり、戦闘準備を指示したのである。これは讃岐だけではなく、おそらく西国《さいごく》諸国の守護にも命ぜられたであろう。

この当時、朝廷と幕府にとって、異国降伏の各種祈禱をこらす宗教集団といえば、鎌倉旧仏教の叡尊《えいぞん》と忍性《にんしょう》の属する西大寺《さいだいじ》流であった。蒙古襲来前後の西

▼**少弐資能**　一一九八～一二八一年。鎌倉中期の武将。資頼《すけより》の子。一二五八(正嘉《しょうか》元)年、大宰少弐となる。元軍襲来が迫ると大友頼泰《おおともよりやす》とともに防衛の任に就き、一二七三(文永十)年のころ、壱岐国守護をかねた。文永の役では、子景資を大将の一人として元軍の撃退にあたらせた。

▼**近衛基平**　一二四六～六八年。鎌倉時代の公卿《くぎょう》。九歳で元服《げんぷく》、一三歳で内《ない》大臣。

▼**二十二社**　十一世紀中ごろから祈年穀・祈雨・止雨などの奉幣対象として、朝廷から崇敬を受けた神社。伊勢・石清水・賀茂《かも》(鴨)上下・松尾《まつお》・平野《ひらの》・稲荷《いなり》・春日《かすが》・大原野《おおはらの》・大神《おおみわ》・石上《いそのかみ》・大和《やまと》・広瀬《ひろせ》・竜田《たつた》・住吉《すみよし》・日吉《ひえ》・梅宮《うめみや》・吉田《よしだ》・広田《ひろた》・祇園《ぎおん》・北野《きたの》・丹生《にゅう》・貴布禰《きふね》の各社をいう。

大寺流（真言律宗《しんごんりっしゅう》）の祈願相をつぎに少し紹介してみよう。

まず、叡尊は文永の役《えき》を前年に控えた一二七三（文永十）年、伊勢神宮の内宮《ないくう》禰宜《ねぎ》荒木田親倫《あらきだちかとも》▲の勧めに従い、伊勢神宮に参拝し、宋本大般若経《だいはんにゃきょう》二部を奉納している。また二年後の一二七五（建治《けんじ》元）年にも、伊勢に参り、梵網経《ぼんもうきょう》と仁王《にんのう》経《きょう》などを奉納している。この年、叡尊は四天王寺《してんのうじ》で最勝王経《さいしょうおうきょう》、住吉社《すみよししゃ》で大般若経・金剛《こんごう》般若経を転読講讃《てんどくこうさん》し、聖朝安穏《せいちょうあんのん》・天下泰平・仏法興隆・衆生利益《しゅじょうりやく》を祈願している。少しのちの、一二八〇（弘安《こうあん》三）年には、三たび伊勢神宮に参るとともに、西大寺において敵国降伏を祈っている。そして翌一二八一（弘安四）年には、石清水八幡宮《いわしみずはちまんぐう》で「東風《こち》を以《もっ》て兵船を本国に吹き送り、来人（蒙古・高麗人）をそこなはずして乗るところの船をば焼き失はせたまへ」と祈請《きしょう》したという。

一方、高弟の忍性も、一二八一年には、幕府の命令で稲村ケ崎《いなむらがさき》▲で仁王講を行い、異国調伏の祈禱を修した。いうなれば、叡尊と忍性の師弟が、東西呼応して祈禱の験力《げんりょく》を発揮しようとしていたのである。表現をかえていえば、西大寺流が幕府の「禅密《ぜんみつ》主義」に基づく「武家的《ぶけてき》体制宗教」を朝廷の「公家的《くげてき》体制宗教」とあいまって実践していたのである。

▼**荒木田親倫**　生没年不詳。伊勢皇大神宮《こうたいじんぐう》の祠官《しかん》。荒木田とは墾《こん》田《でん》すなわち新開田のことで、度会《わたらい》氏が古い伝統をもつ氏族《しぞく》であるのに対して比較的新興の氏族である。

▼**稲村ケ崎**　鎌倉市稲村ガ崎一丁目。七里ケ浜《しちりがはま》の東端に突出する岬。『吾妻鏡《あずまかがみ》』元仁《げんにん》元（一二二四）年条によれば、鎌倉の疫病を除くための鬼気祭《ききさい》（陰陽道《おんみょうどう》）では、鎌倉の西の境界とされる場所であった。

叡尊像　西大寺の中興者。

蒙古襲来は「隣国の聖人」

最初の蒙古襲来たる文永の役が現実のものとなったのは、「蒙古国書」が送られてから六年目のことであった。

一二七四(文永十一)年十月五日――総司令官忻都《きんと》の指揮する二万人の元軍と、金方慶《きんほうけい》率いる一万数千の高麗軍が対馬《つしま》の佐須浦《さすのうら》の海上に出現。対馬の守護少弐氏の代官《だいかん》である宗資国《そうすけくに》▲は迎え撃ったが、多勢の武士とともに討死。佐須浦を侵略した蒙古軍により、多くの島民は殺害・生取りに。

十月十四日――蒙古軍が壱岐《いき》を襲撃。壱岐守護少弐氏の代官である平景隆《たいらのかげたか》の懸命の抗戦もむなしく多くが討死。

十月二十日――蒙古軍が百道原《ももちはら》をはじめ各地の海岸に上陸を開始し博多《はかた》をめざし、海辺に集結していた武士と交戦。蒙古軍は、太鼓や銅鑼《どら》を鳴らし、ときの声をあげながら、毒矢を放ち、火薬を使った鉄炮を発射。戦況不利を知った大将の少弐景資《かげすけ》▲は、やむなく大宰府に後退。そのすきに、蒙古軍がどっと侵入し、軍神をまつる筥崎《はこざき》八幡宮を焼却。

しかし、優勢に戦いを進めていた蒙古軍は、どういうわけか、夜にはいるや

▼宗資国　?〜一二七四年。鎌倉中期の武将、大宰府官人惟宗《これむね》氏の支族で対馬国の在庁官人惟宗氏の後裔。資国が宗氏を称した初見。『八幡愚童訓《はちまんぐどうくん》』によれば、一二七四(文永十一)年、対馬佐須浦に襲来した元の大軍をわずか八〇騎で迎え撃ち、父子ともに戦死。

▼少弐景資　一二四六〜八五年。鎌倉中期の武将。資能の子。一二七四(文永十一)年、博多湾から上陸した元軍を大将として迎え撃ち、敵将を倒した。一二八一(弘安四)年の弘安の役にも活躍した。一二八五(弘安八)年の霜月《しもつき》騒動で安達《あだち》氏に加担し敗死。

忍性像　叡尊の弟子として、鎌倉に下向し西大寺流の伝通に専心した真言律宗僧。

追撃をやめ、軍船へ引き上げた。高麗の将金方慶は決戦を主張したが、蒙古の忻都は引上げを主張し、譲らなかった。この意見の対立・食違いが、三万数千人の運命を決定づけた。一夜明けた二十一日の朝、博多沖の海上には、蒙古軍の戦艦の姿はもうなかった。

蒙古軍が海に散ってから二〇日後、身延《みのぶ》の日蓮は蒙古襲来についてこう語った。

大蒙古国よりよせて候と申せば、申せし事を御用あらばいかになんどあは(憐れ)なり。皆人の当時のゆき(壱岐)つしま(対馬)のやうにならせ給はん事、おもひやりて候へば、なみだ(涙)もとまらず。（「上野殿《うえのどの》御返事」）

また、

自界叛逆難、他方侵逼難すでにあい候了。これをもってをもうに、多く他方の怨賊ありて国内を侵掠し、人民諸《もろもろ》の苦悩を受け、土地に所楽《しょらく》の処あることなからんと申す経文（「金光明経《こんこうみょうきょう》」）合ひぬと覚え候。当時、壱岐・対馬の土民の如くに成候はんずる也。（「曽谷入道殿御書《そやにゅうどうどのごしょ》」）

蒙古襲来は、日蓮がかねてから「他国侵逼難」と予言・警告もしてきた。もう

文永の役（『蒙古襲来絵詞《えことば》』） 竹崎《たけざき》季長《すえなが》の奮戦。

一方の「自界叛逆難」も、北条時輔《ときすけ》の乱《らん》（一二七二〈文永九〉年）の勃発によって立証されたのに加え、今また「他国侵逼難」も立証されたというのである。右の「申せし事を御用あらばいかになんどあはれ（憐）なり」の文言には、日蓮の進言を用いることなく、臨済禅《りんざいぜん》と真言密教《みっきょう》の総和たる「禅密主義」によった幕府の「武家的体制宗教」の政策を批判した意味合いがこめられている。

蒙古襲来のことを思うにつけ、「なみだもとまらず」と日蓮は語るものの、日蓮にとって、この襲来は日本と蒙古（元朝）との外交・政治的＝世俗的な次元での問題ではなく、すぐれて宗教的な問題であった。

したがって、蒙古襲来によって、男女がことごとく殺害されたり、生取りにされたりする惨事は「なみだもとまら」ぬことではあっても、仏教的には、「禅密主義」による幕府が「法華経《ほけきょう》」を採用しないで、謗法《ほうぼう》たる諸宗を容認する結果としての「現証《げんしょう》」が顕現したことにほかならない、と日蓮はとらえた。

言葉をかえていえば、襲来によって惨事が拡大すればするだけ、比例するように、正法《しょうぼう》＝「法華経」を誹謗した結果としての現証があらわれ、それによって、日蓮のこれまでの諫暁《かんぎょう》・主張が真実味をおびていることが証明されることになる。そして同時に、日蓮自身の宗教的な確信も相乗的に強められることになるのである。

このように、蒙古襲来がもたらした惨事を正法＝「法華経」に対する誹謗の結果と考えた日蓮は、ついにはその襲来そのものを、「隣国の聖人《しょうにん》」が謗法の国日本を治罰・懲罰するために送り込んだ軍だと、意味づけるようになる。

それは、文永の役がやんだ直後に認《したた》められた「聖人知三世事《ちさんぜのこと》」においてである。

> 日蓮は一閻浮提《えんぶだい》（人間世界）第一の聖人也。上一人より下万民に至るまで、これを軽毀《けいき》して刀杖を加へ、流罪《るざい》に処するが故に、梵《ぼん》と釈《しゃく》と日月四天と隣国に仰せ付けて、これを逼責《ひっせき》するなり。

日蓮は、蒙古軍が海に散ったあとも、なお、その余韻が幕府を中心とする現実の世界を不安と恐怖に包み込んでいるのをよそに、次のような消息《しょうそこ》を身延から檀越《だんおつ》に送った。

> 蒙古国の日本にみだれ入る時はこれへ（身延）に御わたり（渡）あるべし。（「こう入道殿御返事」）

> 今度よせなば、先にはにる（似）べくもあるべからず。京と鎌倉とは但《ただ》壱岐、対《つし》

馬《ま》の如くなるべし。前にしたく《（支度）》していづくへもにげ《（逃）》させ給へ。（「乙御前《おつごぜん》御消息」）

この二通の消息の言辞は、現実＝体制を超越した者のそれである。そこには、体制を超越していこうとする日蓮の思想が脈々と息づいている。

文永の役の敗戦の報を耳にしたとき、すでに再征を内に決めていたフビライである。二度目の日本征討の断をくだした。洪茶丘《こうさきゅう》・忻都の率いる蒙古・高麗・漢人の合同からなる四万の東路《とうろ》軍（九〇〇艘）が、対馬・壱岐の島民の多くを殺害し、博多湾にあらわれたのは、一二八一（弘安四）年六月六日のことであった。しかし、一方の范文虎《はんぶんこ》率いる南宋人を主力とする一〇万の江南《こうなん》軍（三五〇〇艘）は、合体の予定日十五日が近づいても、まだその姿をみせない。その江南軍が平戸《ひらど》・五島《ごとう》に到着し、先陣の東路軍とようやく合流したのは、予定日より遅れること一カ月の七月にはいってからのことであった。

七月三十日、大暴風雨が吹き荒れ、一日中やまなかった。約一四万人、四四〇〇艘の大艦隊を、その大型台風は翻弄し呑み込んだのである。それは、現在の太陽暦八月二十三日にあたる。元軍は、またしても、文永の役と同じように、覆滅し海に散ったのである。

こうした弘安の役を、身延の日蓮はどのようにみていたのだろうか。

弘安四年五月以前には、日本の上下万人一人も蒙古の責めにあふべしともおぼさざりしを、日本国に只《ただ》日蓮一人計《ばか》りかゝる事此《この》国に出来すべしとしる。……此五月よりは大蒙古国の責めに値《あひ》て、あきれ迷ふ程に、さもやと思ふ人にもあるらん。……日蓮が申せし事はあたりたり。（「光日上人《こうにちしょうにん》御返事」）

一二八一年五月、壱岐・対馬がおかされる以前は、日本全体、誰もがふたたび蒙古の責めにあうとは考えていなかった。しかし、日蓮だけは知っていた。自分が「申せし事」、つまり、蒙古襲来は謗法を懲罰するために、釈尊《しゃくそん》が「隣国の聖人」に申しつけて発動したものであるということは、みごとにあたったというのである。この一文は、みずからの構築する「法華経世界」の「法華経」弘通《ぐつう》という保障機能がまちがいなく始動を始めていることを感得する一文である。

日蓮が「隣国の聖人」の発動する軍隊と想定した蒙古襲来は、この「南からの蒙古襲来」のほかにもう一つの襲来があった。「北からの蒙古襲来」である。

北からの蒙古襲来

元帝国は、アムール川河口近くのテイルに東征元帥府《とうせいげんすいふ》をおき、この近くの北方少数民族の支配に備えた。その機能は明《みん》の永楽帝《えいらくてい》▲がおいた奴児干都司《ぬるかんとし》にも継承された。『元史《げんし》』▲によれば、元は骨嵬《クイ》が吉烈迷《ギレミ》の領域に侵入するのを防ぐために、一二八四〜八六年の三年間、骨嵬を攻撃したという。骨嵬とは、アイヌ民族、吉烈迷とはニヴフ民族を意味する。

また『元文類《げんぶんるい》』▲によれば、アイヌは流氷の去った時期に板舟で北上し、サハリン(樺太《からふと》)やキジ湖周辺に侵入しては、その都度、元軍に追撃されたという。どうやら、元はアイヌとニヴフとの鷹や毛皮類の交易をめぐる対立を鎮定するために動いていたらしい。

これがほかでもなく、「北からの蒙古襲来」の原風景である。このように、アイヌがサハリンに進出した結果、元による「北からの蒙古襲来」が現実化していたころ、日本の北辺の津軽十三湊《つがるとさみなと》▲においてもアイヌ問題が持ち上がっていた。

そのようすを日蓮が次のように伝えている。

(A)「文永五(一二六八)年の比《ころ》、東には俘囚《ふしゅう》をこり、西には蒙古よりせめつかひ(責使)

▼**永楽帝**　一三六〇〜一四二四年。在位一四〇二〜二四年、成祖《せいそ》とも。中国の明朝三代皇帝。国内に専制政治を強化する一方、対外的にも積極策をとり、ベトナムを支配したり、足利義満《あしかがよしみつ》を日本国王に封じ、倭寇《わこう》の禁圧に成功した。

▼**『元史』**　中国の元の正史《せいし》。本紀《ほんぎ》四七巻、志《し》五八巻、表《ひょう》八巻、列伝《れつでん》九七巻の計二一〇巻。明の宋濂《そうれん》らが編纂。不備もあるが、典拠となった原史料に忠実である。日本関係は、巻二〇八「外国伝」(通称「元史日本伝」)にある。

▼**『元文類』**　中国、元代の詩文選集。『国朝文類《こくちょうぶんるい》』ともいう。元の蘇天爵《そてんしゃく》編。全七〇巻、一三三四(元統《げんとう》二)年刊。元代前期の作者一六〇人の伝統文学最盛期の作品を選んで、スタイルによって四三に分類。編者独力の作として評価される。

つきぬ。日蓮案云、仏法不レ信なり。定て調伏《ちょうぶく》をこなわれんずらん、調伏は又真言宗にてぞあらんずらん」(「三三蔵《さんさんぞう》祈雨事《きうのこと》」)。

(B)「真言師だにも調伏するならば、弥《いよい》よ此国軍にまくべし……ゑぞは死生不知のもの、安藤《あんどう》五郎▲は因果の道理を弁《わきま》へて堂塔多く造りし善人也。いかにとして頸をばゑぞにとられぬるぞ」(「種々《しゅじゅ》御《お》振舞《ふるまい》御書」)。

この(A)と(B)の二つの史料は、前述したように、日蓮の他宗批判の集約たる「四箇格言《しかかくげん》」のうちの「真言亡国《しんごんぼうこく》」に相当する、まさに真言密教批判の一環として語られたものである。(A)に散見する「西には蒙古よりせめつかひつきぬ」はいうまでもなく、「南からの蒙古襲来」の現実を示す「蒙古国書」の到来である。これと対比して語る「東には俘囚をこり」とは、一二六八年に起きた東(北)のエゾ＝アイヌの反乱である。

この中世アイヌの反乱は、当時の北東アジア史に照らしていえば、元による「北からの蒙古襲来」に連動する流れと位置づけられるものである。日蓮にとって、東のエゾの反乱と西の蒙古国書の到来は、北と南からの二つの蒙古襲来にほかならず、このダブルの真言密教による調伏祈禱は日本国の「亡国」ととらえ

▼**十三湊**　青森県北西部の市浦《しうら》村十三(現在の五所川原市)にあった中世〜近世の湊。十三湖北岸の福島城によった安藤氏の港湾と考えられ、近隣の相内《あいうち》地区や十三地区には多くの寺社跡がある。戦国時代の「廻船式目《かいせんしきもく》」のなかに全国七湊の一つに数えられている。

▼**安藤五郎**　生没年不詳。鎌倉後期の武士。安藤宗季《むねすえ》が正式名、五郎三郎とも。一三二五(正中《しょうちゅう》二)年の蝦夷《えぞ》の乱で、安藤季長《すえなが》(又太郎と号す)にかわって蝦夷管領となる。「日蓮遺文」に信心深い人と伝えられる。

たのである。もう一歩進めていえば、日蓮は二つの蒙古襲来を想定することによって、みずからが構築している「法華経」弘通の保障がより確信づけられたのである。

(B)の史料は、アイヌ民族が反乱を起こした相手の「蝦夷管領《えぞかんれい》」安藤氏についての文章である。この十三世紀の当時、鎌倉幕府からアイヌ支配を委任されていた津軽十三湊の安藤氏は盛んに北方交易を推進する「海の武士団」でもあり、それがアイヌのサハリンへの進出とも陰に陽に絡んでいたことを考えれば、史料(A)の「北からの蒙古襲来」(「東には俘囚をこり」)も、より身近なものとなろう。

日蓮がこのように、二つの蒙古襲来のなかにみずからの「法華経世界」の更なる充実をはかっていたころ、念仏の「捨聖《すてひじり》」一遍はどのように蒙古襲来の現実と向きあっていたのだろうか。

追孝報恩の旅

一遍は最初の蒙古襲来である「文永の役」が現実となる一二七四(文永十一)年の夏、その襲来に先立ち、熊野権現《くまのごんげん》に詣り神託を受け、「下化衆生《げけしゅじょう》」の伝道人生

▼**正八幡宮**　中世の筑後《ちくご》国忠見《ただみ》村（現在の福岡県八女《やめ》市忠見）の川《かわ》崎《さき》城主川崎定宗《さだむね》が氏神《うじがみ》として一一八〇（治承《じしょう》四）年に勧請《かんじょう》した神社と伝える。

を決意した。それは、「信不信をえらばず、浄不浄をきらはず」に「南無阿弥陀《なむあみだ》仏《ぶつ》決定往生六十万人」と書いた念仏の札を人びとに配り（賦算《ふさん》）、念仏を勧めて全国を巡歴（遊行《ゆぎょう》）するという人生であった。この一遍の遊行に随伴して諸国を巡歴する僧尼を「時衆《じしゅう》」と呼んでいた。「時衆」とは、六時《ろくじ》念仏衆の意味であり、それには一遍に随って遊行の旅を続ける「遊行時衆」、遊行には加わらずに在俗の生活のかたわら六時念仏をつとめる「俗時衆」、一遍とその集団に米銭を喜捨《きしゃ》したり宿舎の世話などをして結縁《けちえん》する「結縁衆」などがあった。

一遍を中心にした「遊行時衆」の一行と、旅のあちこちの「俗時衆」と「結縁衆」が出会い、そこには法的な交わりがもたれた。一遍が「下化衆生」の遊行をした地域とは、どんなところであろうか。

次ページの遊行図をみて、どうであろうか。北は20番の陸奥国江刺《むつのくにえさし》から南は11番の大隅《おおすみ》国の正《しょう》八幡宮▲にいたるまで全国津々浦々におよんでいることが判明する。その遊行先も、通し番号1から52にいたるまで実に多様であり、一遍の遊行人生には圧倒される思いである。

では、一遍の場合、遊行の仕方になにか特徴はなかったろうか。そんな眼で

一遍の遊行図（一二七一～八九年。今井雅晴「一遍の生涯」『日本の名僧11　遊行の捨聖　一遍』による）

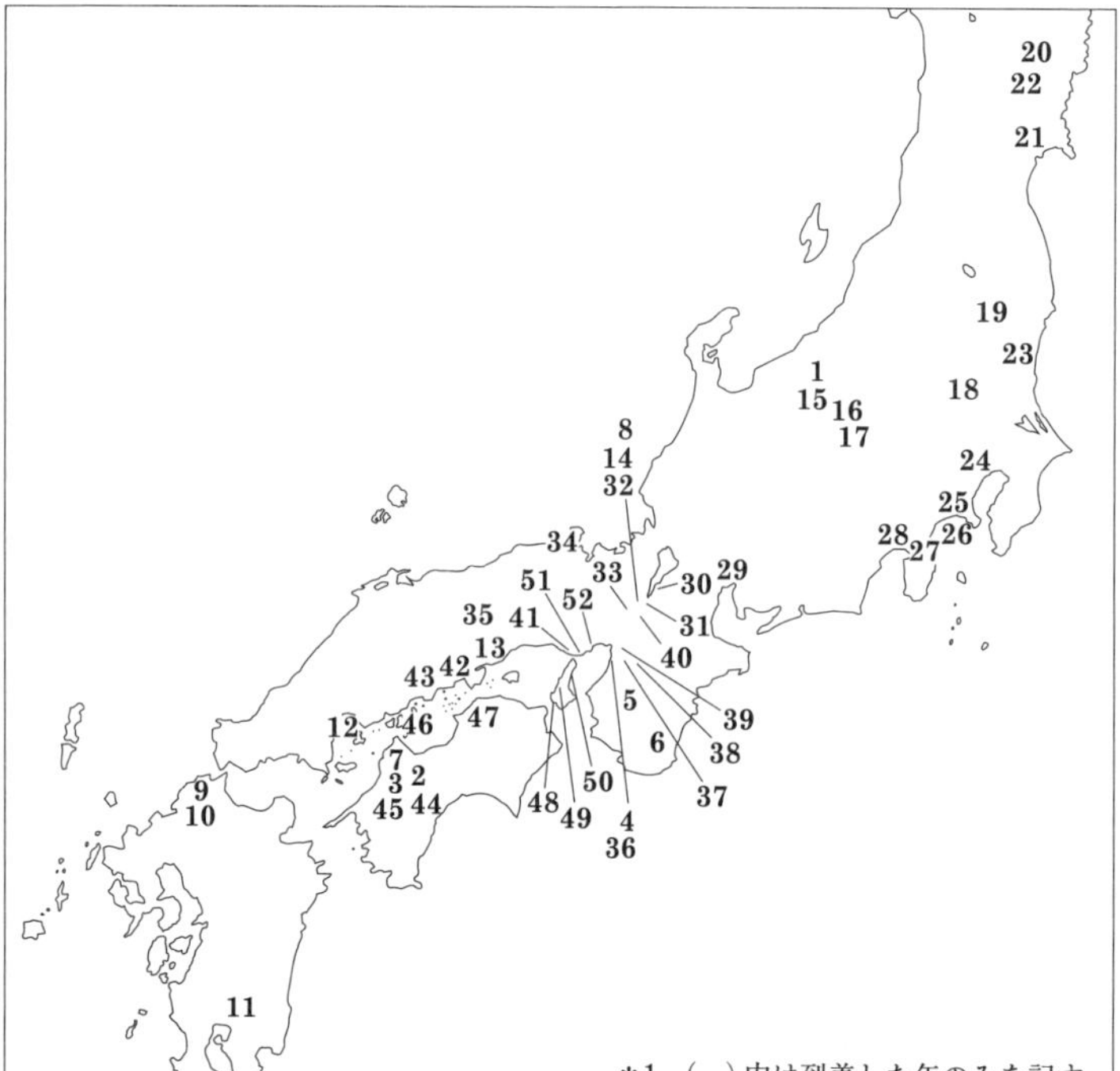

＊1　（　）内は到着した年のみを記す
＊2　一遍の布教開始は1274年である

1	信濃国・善光寺	(1271年)	27	伊豆国・三島	(1282年)
2	伊予国・窪寺	(　〃　)	28	駿河国・蒲原	(　〃　)
3	〃　・菅生の岩屋	(1273年)	29	尾張国・甚目寺	(1283年)
4	摂津国・四天王寺	(1274年)	30	近江国・草津	(1284年？)
5	紀伊国・高野山	(　〃　)	31	〃　・関寺	(1284年)
6	〃　・熊野本宮，新宮	(　〃　)	32	京	(　〃　)
7	伊予国・道後	(1275年)	33	山城国・桂	(　〃　)
8	京	(　〃　)	34	丹後国・久美浜	(1285年)
9	筑前国・大宰府	(1276年)	35	美作国・一宮	(　〃　)
10	〃　・ある武士の館	(　〃　)	36	摂津国・四天王寺	(1286年)
11	大隅国・正八幡宮	(　〃　)	37	〃　・住吉大社	(　〃　)
12	安芸国・厳島	(1278年)	38	〃　・磯長陵	(　〃　)
13	備前国・藤井，福岡市	(　〃　)	39	大和国・当麻寺	(　〃　)
14	京	(1279年)	40	山城国・石清水八幡宮	(　〃　)
15	信濃国・善光寺	(　〃　)	41	摂津国・教信寺	(　〃　)
16	〃　・伴野	(　〃　)	42	備中国・軽部宿	(1287年)
17	〃　・小田切	(　〃　)	43	備後国・一宮	(　〃　)
18	下野国・小野寺	(1280年？)	44	伊予国・窪寺	(1288年)
19	陸奥国・白河関	(1280年)	45	〃　・菅生の岩屋	(　〃　)
20	〃　・江刺	(　〃　)	46	〃　・大三島	(　〃　)
21	〃　・松島	(　〃　)	47	讃岐国・善通寺，曼陀羅寺	(1289年)
22	〃　・平泉	(　〃　)	48	淡路国・福良泊	(　〃　)
23	常陸国	(1280年？)	49	〃　・二宮	(　〃　)
24	武蔵国・石浜	(1281年)	50	〃　・志筑	(　〃　)
25	〃　・ながさご	(1282年)	51	摂津国・明石浦	(　〃　)
26	相模国・鎌倉	(　〃　)	52	〃　・兵庫	(　〃　)

大隅国正八幡宮に参拝する一遍
『一遍聖絵』第四巻第二段の九州遊行の一場面。

遊行図をもう一度ながめてみると二つのことが注目される。一つは、北の遊行先が陸奥国江刺で止まっており、その北に旅の足を伸ばしていない点である。この十三世紀のころは、「みちのく」といえども、いわゆる鎌倉新仏教の伝播はもちろん、古代の天台宗《てんだいしゅう》や真言宗もかなり入り込んでいたことを考えると、一遍の遊行が「江刺」で止まっていることは不思議に思えてくる。

もう一つは、北の遊行空間と同じく、南の九州地方の遊行地が意外に少ない点である。しかも、9〜11番が示すように、一遍が九州に足をいれたのは文永の役が終息した一二七六（建治《けんじ》二）年のことである。二度目の襲来があった弘安年間（一二七八〜八七）には、九州への遊行は確認されない。

この遊行地の地域的なかたよりとあわせて、気になることがある。それはかの『一遍聖絵《ひじりえ》』は当然であるが、その他の著作物においても、一遍は一度も「蒙古襲来」に関して言及していない点である。一遍の耳には、「蒙古襲来」に関する情報がはいってこなかったのだろうか。

けっしてそうではなかった。一遍自身、多感な二五歳から三二歳の時期、武士身分であった。つまり父通広《みちひろ》の死後、一二六三（弘長《こうちょう》三）年から七〇（文永七)年の七年間、故郷の伊予国《いよ》河野郷《こうの》の領主《りょうしゅ》として御家人《ごけにん》生活を送っていた。またその一族をみると、祖父の通信《みちのぶ》が承久《じょうきゅう》の変《へん》の際、上皇《じょうこう》方の武士であったことをはじめ、父通広の弟通継《みちつぐ》が筑前国の弥富郷《いやとみ》▲に所領《しょりょう》をもち、蒙古襲来時には北部九州の防備にあたったこと、さらにはその子の通有《みちあり》が子息通忠《みちただ》と一緒に敵艦に乗り込んだことなど、一族には蒙古襲来がらみの情報には事欠かない状態である。それなのに、どうして一遍は「蒙古襲来」について、固く口を閉ざすのか。これはある意味、一遍の生涯上の謎である。

一遍は、承久の変で上皇方についた祖父通信が眠る奥州《おうしゅう》江刺に遊行した。そのときのようすを『一遍聖絵』はこう伝える。

> 奥州江刺の郡にいたりて、祖父通信が墳墓を尋たまふに、人常の生なく、家常の居なければ、只白揚の秋風に東岱《とうたい》の煙跡をのこし、青塚の暮の雨に北芒の露涙をあらそふ。仍《よっ》て荊棘《けいきょく》をはらひて追孝報恩の勤をいたし、墳墓をめぐりて転経《てんきょう》念仏の功をつみたまふ。

一遍は荒れ果てていた墳墓に手入れをし、「転経念仏」をささげて、祖父への「追孝報恩」をつとめた。ときに、一二八〇(弘安三)年。

▼弥富郷　『八幡愚童訓』によれば、一遍の実家河野氏は、通有の世、蒙古襲来への出動を目的に、伊予国の自領と筑前国弥富郷を交換してもらって出動を果たし、おおいに武功をあげたという。

奥州江刺の地界隈が「人常の生なく、家常の居」がなかったからであろうか、一遍はその北の地に遊行の足を伸ばすことなく、奥州も松島《まつしま》と平泉《ひらいずみ》に向かった。一遍が「蒙古襲来」を語らなかったことと江刺以北に赴かなかったこと、および九州への遊行が僅少であることとはけっして無関係ではないように思えてならない。この謎を考えるうえできわめて有益なことを一遍研究の泰斗《たいと》大橋俊雄《おおはししゅんのう》が「一遍聖を憶う」(今井雅晴編『日本の名僧11　遊行の捨聖　一遍』)と題するエッセイで語っているので、次にそれを紹介しよう。

聖は人を傷つけるような戦いによどみ、また戦いにまきこまれることを極力さけ、平和を一途に願った平和愛好者だったのであろうか。……いつ元が攻めてくるかもしれないと人たちが不安にいらだっていたとき、踊り念仏を修《しゅ》したのも念仏をとおし心のよりどころをあたえ、不安を少しでもとり除いてやりたいという心があったからであろう。

このエッセイが大橋の最晩年の作であることを思うにつけ、一遍が「平和愛好者だった」ことや「踊り念仏を修したのも念仏をとおし心のよりどころをあたえ」たことの指摘は、八〇年間、一遍研究に専心された大橋ならではの一遍像であり、感服の念を禁じえない。

一遍は人生のなかで、一度だけ「体制」権力と騒動を起こしたことがある。「鎌倉入り」がそれである（『一遍聖絵』）。時は一二八二（弘安五）年春三月一日、場所は巨福呂《こぶくろ》坂、その日はちょうど、執権《しっけん》の北条時宗《ときむね》▲が巨福呂坂をとおって山内荘《やまのうちのしょう》へでかける日にあたっていた。

鎌倉への木戸にはいろうとする一遍を制止した武士に対して語った一遍の「念仏勧進をわが《(我)》命とす、しかるをかく《(此)》のごと《(如)》くいましめ《(戒)》られれば、いづれの所かゆくべき、爰《ここ》にて臨終すべし」の一言。この言葉の響きには、対立のための響きはない。やはり、大橋がいう「平和愛好者」の発する言葉である。一遍は時の「武家的体制」権力に対しても、あくまでも「超体制」の遊行念仏者であった。

こうした一遍とその念仏集団を、当時の人びとはどうみていたのだろうか。『野守鏡《のもりのかがみ》』▲では、こうであった。

踊躍歓喜《ゆうやくかんき》といふは、をど《(踊)》るべき心なりとて、頭をふり足をあげて踊るをもて、念仏の行儀……見苦しき所をもかく《(隠)》さず、偏に狂人のごとし。

と。

▼**北条時宗**　一二五一〜八四年。鎌倉幕府第八代執権。時頼《ときより》の子。一二六八（文永五）年に執権に就任したのち、文永の役（一二七四年）、弘安の役（一二八一年）の二度の蒙古襲来を受け、その都度、防備につとめた。臨済禅を深く信じ、無《む》学祖元《がくそげん》に師事した。

▼**『野守鏡』**　歌論書。全二巻。著者不詳。一二九五（永仁《えいにん》三）年ごろの成立か。声明《しょうみょう》を事とする出家入道が声明の京極《きょうごく》派の為兼《ためかね》や一遍の踊り念仏を非難する目的で書かれたもの。天台密教を礼賛《らいさん》しながら禅宗《ぜんしゅう》と浄土宗を論難もする。

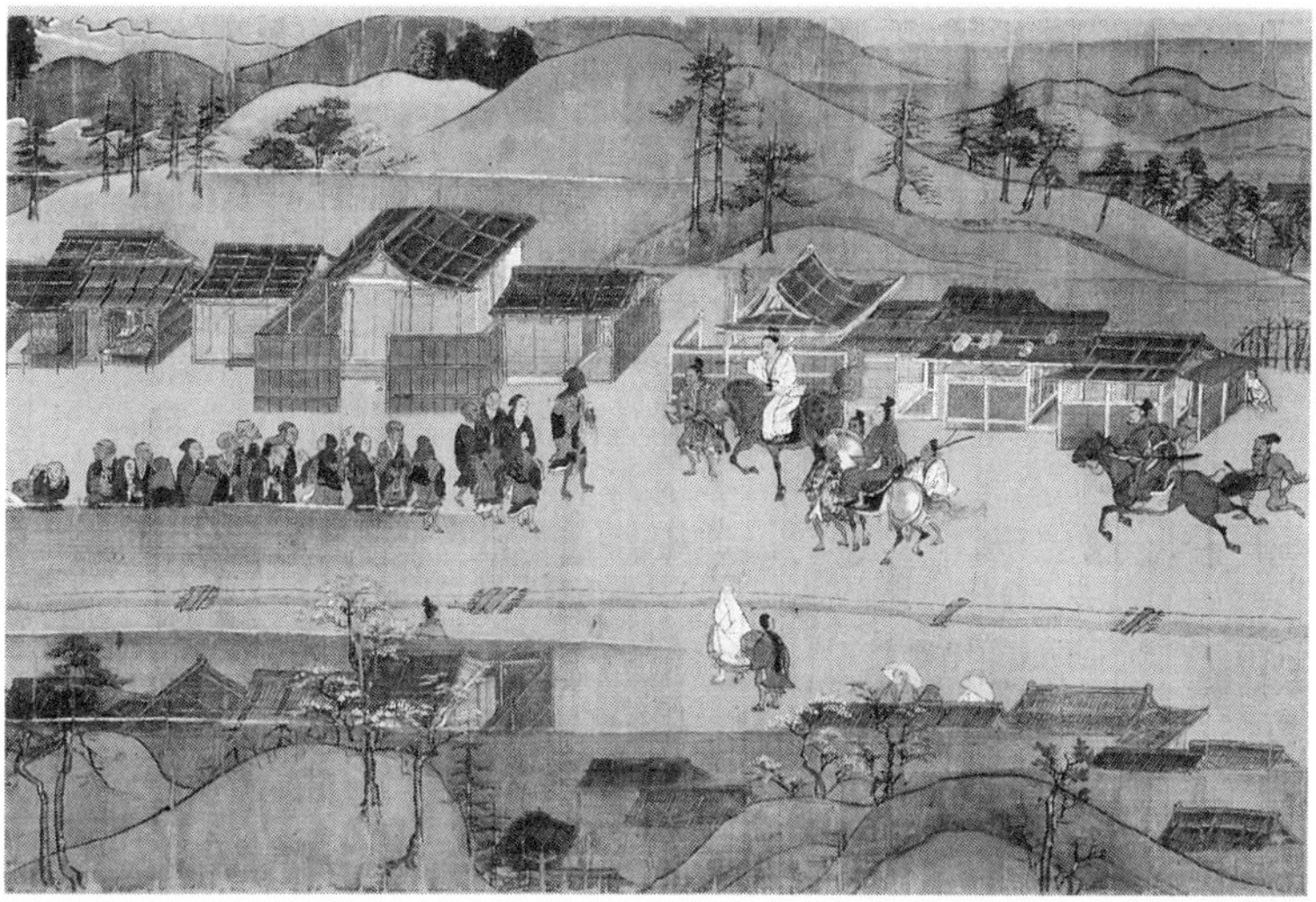

一遍の鎌倉入り(『一遍聖絵』第5巻)　一遍が巨福呂坂から鎌倉にはいろうとしたとき，山内の別亭に赴く途中の北条時宗と出会った場面。

片瀬浜の地蔵堂での踊り念仏(『一遍聖絵』第6巻)

▼**『天狗草紙』**　鎌倉時代の宗教界を天狗にたとえて風刺した絵巻《えまき》物《もの》。もと全七巻。興福寺《こうふくじ》巻の詞書《ことばがき》中に一二九六(永仁四)年成立と記載されている。南都《なんと》北嶺《ほくれい》の諸大寺の横暴や浄土宗・時宗の新興宗教の奇抜な振舞いなどが描かれている。

また『天狗草紙《てんぐぞうし》』▲では、

頭をふり肩をゆりておど(踊)る事、野鳥のごと(如)し。さわがしき事、山猿にことならず。男女の根をかくす事なく、食物をつかみくひ、不当をこの(好)むあり(有)さま(様)は、併《しかしながら》畜生道の果因。

と。

一遍とその集団の踊り念仏は、「狂人」のごとくとか、「野鳥」「山猿」「畜生道」のごとくみられていた。彼らには、そうしなければ、いたたまれないなにか必然的な理由があったように、私には思われてならない。

一遍は既述したように、一時とはいえ、武士社会のなかに身をおいていた。それだけに、蒙古襲来がもたらす想像を絶する悲惨さや社会不安を人一倍、熟知していた。一遍とその集団には、この娑婆《しゃば》世界が戦争によって地獄と化す現実を正気の状態で直視することはできなかった。戦さという非法の手段によって、人の命が無惨に切り落とされる現実から、一歩でも二歩でも離れたいと念じていた。

北部九州の地は、さながら「南からの蒙古襲来」の主戦地であった。江刺から北の北辺も、日蓮が語ったように「北からの蒙古襲来」の危険性が渦巻く地域であった。

こうした危険きわまりない地からは、可能なかぎり、避けたいと念ずる時衆集団であった。

こうしてみれば、一遍とその集団が日本列島の「北」と「南」を遊行から回避したのは、蒙古襲来に対する異常なまでの恐怖感と不安感からであったと考えざるをえない。

蒙古襲来が引き起こす「恐怖」と「不安」をやわらげるために、『野守鏡』や『天狗草紙』が評したように「狂人」的な風体のまま踊り続けたのである。蒙古襲来が引き起こす「恐怖」と「不安」を一時でも忘れるために、没我のまま宗教的エクスタシーに陥り乱舞したのである。私には、そう思えてならない。

一遍とその時衆集団にとって、蒙古襲来の「恐怖」と「不安」とはまったく異質な世界を、「踊り念仏」「唯一念仏」のなかにもつことができる瞬間が、もっとも至福な「平和」のときであった。

一遍とその時衆集団は、遊行のなかに「心の平和」を求め続けた。この一遍と同じく、蒙古襲来という「戦争」の時代に生きた日蓮は、「法華経の行者《ぎょうじゃ》」としての信仰と実践のなかに「心の平和」を主張し続けた。

思えば、一遍は前の「鎌倉入り」を除けば、まったく「体制」権力とは無縁のところに、人と仏が一体化する「唯一念仏」を求め、そして伝道を続けた。そのひたすらな求道と伝道のなかに、蒙古襲来の「恐怖」と「不安」を克服していった。一遍流の「唯一念仏」による中世的平和の実現である。

一方の日蓮は、一遍とはまったく対照的に、「体制」権力と真正面から渡りあった。弾圧と法難《ほうなん》の嵐にもめげず、みずからの「法華経」弘通の人生を貫きとおした。その法難を正当化する「値難《ちなん》の論理」のなかに構築した「法華経世界」こそが、日蓮にとっての「中世的平和」の象徴であった。

鎌倉時代の「旧仏教」者と「新仏教」者のなかで、蒙古襲来という中世的な「戦争」をとおして、中世的な「平和」を思念した人は、日蓮と一遍だけであった。

仏教の世俗化の果てにみた夢

一遍の没後、神仏習合《しんぶつしゅうごう》のうえに念仏《ねんぶつ》世界を築いてきた時衆《じしゅう》教団は、南北《なんぼく》朝《ちょう》～室町《むろまち》期に足利《あしかが》政権や地方豪族《ごうぞく》のあいだに、「陣僧《じんそう》▲」「同朋衆《どうぼうしゅう》」として支持された。その異形《いぎょう》な念仏踊りは、各地に「盆踊り」として受容・定着し民俗化もしていった。しかし、教団全体としては、戦国期を一つの境に、同じ念仏門の浄《じょう》土真宗《どしんしゅう》に蚕食されていく運命をたどる。

一方の日蓮が「改神《かいしん》」の上に「法華経《ほけきょう》世界」を構築した日蓮宗は、南北朝～戦国期に、京都の「町衆《まちしゅう》▲」などを介して都市仏教として着実に教勢を拡張していく。

近世の幕藩《ばくはん》国家の時代にはいると、日蓮宗を含めた仏教諸宗派は、鎖国《さこく》制の防波堤の任を担う形で支配の末端に組織されながら国教化をとげる。

▼**陣僧**　中世、武士に従い軍陣や戦場に赴いた僧。戦死する武士に臨終の念仏を勧め、その菩提《ぼだい》をとむらった。なかでも、南北朝期に時宗《じしゅう》の僧が陣僧として活躍した。観応《かんのう》期の遊行上人《ゆぎょうしょうにん》託何《たくあ》や応永《おうえい》期の遊行上人自空《じくう》は有名。

▼**町衆**　町をつくって集団生活を営む人びと。とくに室町時代、京都の町々を構成する人たちが、室町衆・三条《さんじょう》町衆など町名を冠して町衆と呼ばれた。その中心は棚を構えた商業者や手工業者で、その他町住みの下級武家《ぶけ》・公家《くげ》衆《しゅう》などが含まれた。

明治初年、神仏分離・廃仏毀釈《はいぶつきしゃく》▲運動により、一時期、「冬の時代」を余儀なくされるが、「教導職《きょうどうしょく》」として近代天皇制の喧伝《けんでん》を担うべく、またも体制のなかに組織されていく。国家神道《こっかしんとう》の首座たる神社とともに、仏教寺院も近代天皇制の「体制宗教」としてその一角を占めることとなったのである。

この神道と仏教を両輪とした近代の「体制宗教」の構図は、基本的に一九四五(昭和二十)年の敗戦まで変わることがなかった。この明治〜敗戦の昭和期の時代に、仏教界は神道側の「神国《しんこく》思想」イデオロギーと一体となって、神仏習合の度を深めていった。それは視点をかえていえば、鎌倉《かまくら》新仏教の宗祖《しゅうそ》の時代に構築した、より純化された思想結晶としての仏国土《ぶっこくど》世界が、みるかげもなく退色・変質していくことを意味していた。この神道とともに体制宗教化していく日本の仏教を冷静かつ真摯にながめたのが、かの「ビルマの竪琴《たてごと》」の主人公水島上等兵ではなかったか。水島は、神国思想一色に塗りつぶされ、その民族宗教のなかに埋没した日本仏教に対してその「本来の姿」とはなにかを問うたのではなかろうか。私には水島は日本仏教の「本来の姿」に、仏教の普遍性を再発見したように思えてならない。

▼**神仏分離・廃仏毀釈**　明治の初め、維新《いしん》政府が天皇の神権的《しんけんてき》権威を確立するために行った神道と仏教の分離政策。神社所属の僧侶の還俗《げんぞく》を命じ、神職《しんしょく》には神葬祭を強制。この動きはやがて廃寺《はいじ》や合寺《ごうじ》に発展するところもあった。

写真所蔵・提供者一覧（敬称略，五十音順）

池上本門寺・京都国立博物館　　カバー裏（日蓮），p. 33中
永平寺・福井県観光連盟　　p. 14下
久遠寺　　p. 63
宮内庁三の丸尚蔵館　　p. 76
建長寺・鎌倉国宝館　　p. 28中
高山寺・京都国立博物館　　p. 6上右
金蓮寺・今井雅晴　　p. 47上左
西大寺・奈良国立博物館　　p. 73
清浄光寺（遊行寺）　　扉，p. 47上右・下，85，89
称名寺所蔵（神奈川県立金沢文庫保管）　　p. 75
神護寺・京都国立博物館　　p. 11左
大本山誕生寺　　p. 28下
大本山本圀寺・京都国立博物館　　p. 54
知恩院　　p. 6上左
千葉県中山法華経寺恪護　　p. 28上，33上
千葉県中山法華経寺恪護・市川市教育委員会　　p. 33下
鶴岡八幡宮　　p. 11右
東京国立博物館・Image: TNM Image Archives　　カバー表
西本願寺　　p. 14上
水無瀬神宮　　p. 14中
無量光寺・相模原市立博物館　　カバー裏（一遍）
廬山寺・京都国立博物館　　p. 6下

参考文献

相田二郎『蒙古襲来の研究　増補版』吉川弘文館, 1982年
網野善彦『蒙古襲来』小学館, 1974年
新井孝重『蒙古襲来』吉川弘文館, 2007年
今井雅晴『鎌倉新仏教の研究』吉川弘文館, 1991年
今井雅晴『捨聖一遍』吉川弘文館, 1999年
今井雅晴編『日本の名僧11　遊行の捨聖　一遍』吉川弘文館, 2004年
大橋俊雄「一遍聖を憶う」今井雅晴編『日本の名僧11　遊行の捨聖　一遍』吉川弘文館, 2004年
金井清光『一遍と時宗教団』角川書店, 1960年
川添昭二『日蓮─その思想・行動と蒙古襲来─』清水書院, 1971年
川添昭二『歴史に生きる日蓮』山喜房仏書林, 2008年
草野顕之編『日本の名僧 8　信の念仏者　親鸞』吉川弘文館, 2004年
黒田俊雄『日本中世の国家と宗教』岩波書店, 1975年
五味文彦編『日本の時代史 8　京・鎌倉の王権』吉川弘文館, 2003年
近藤成一編『日本の時代史 9　モンゴルの襲来』吉川弘文館, 2003年
佐々木馨『中世国家の宗教構造』吉川弘文館, 1988年
佐々木馨『執権時頼と廻国伝説』吉川弘文館, 1997年
佐々木馨『日本中世思想の基調』吉川弘文館, 2006年
佐々木馨編『日本の名僧12　法華の行者　日蓮』吉川弘文館, 2004年
中井真孝編『日本の名僧 7　念仏の聖者　法然』吉川弘文館, 2004年
中尾堯『日蓮』(歴史文化ライブラリー)吉川弘文館, 2001年
中尾良信編『日本の名僧 9　孤高の禅師　道元』吉川弘文館, 2003年
長島尚道「念仏が念仏を申す信仰」今井雅晴編『日本の名僧11　遊行の捨聖　一遍』吉川弘文館, 2004年
中村和之「中世における北方からの人の流れとその変動」『歴史と地理』580, 山川出版社, 2004年
松尾剛次編『日本の名僧10　持戒の聖者　叡尊・忍性』吉川弘文館, 2004年
山田雄司「神祇信仰の重み」今井雅晴編『日本の名僧11　遊行の捨聖　一遍』吉川弘文館, 2004年
和島芳男『叡尊・忍性』(人物叢書)吉川弘文館, 1959年

一遍とその時代

西暦	年号	齢	おもな事項
1239	延応元	1	河野通広の子として伊予国道後(愛媛県松山市)に出生
1246	寛喜4	8	*3-* 北条時頼，執権となる
1247	宝治元	9	*6-* 時頼，三浦泰村一族を滅ぼす(宝治合戦)
1248	2	10	母没す，父の命により出家
1251	建長3	13	大宰府の聖達・華台に師事
1258	正嘉2	20	*4-17* 延暦寺の僧衆，日吉神社の神輿を奉じて閑院にいたり，園城寺戒壇のことを訴う
1263	弘長3	25	*5-24* 父没す，帰国し還俗す
1264	文永元	26	*5-2* 山門の衆徒，園城寺を焼く
1268	5	30	*1-* モンゴルの国書到来。*3-* 北条時宗，執権となる
1271	8	33	再出家し，聖達をたずねる。春，信濃国善光寺，秋，伊予国窪寺に参籠し，信仰の境地に達す
1272	9	34	*2-15* 北条時宗，兄時輔を殺す
1273	10	35	伊予国菅生の岩屋に参籠
1274	11	36	*2-8* 妻超一，娘超二，従者念仏房をともない，遊行の旅にでる。熊野本宮証誠殿に参籠し，熊野神の啓示を受ける。*10-* 蒙古襲来(文永の役)
1275	建治元	37	伊予国に帰る
1276	2	38	大隅国の正八幡宮に参籠
1277	3	39	豊後国の大友頼泰の邸に滞在
1278	弘安元	40	伊予国に帰る。厳島社に参籠
1279	2	41	*8-* 信濃国善光寺に参詣，信濃国佐久郡伴野で踊り念仏を開始
1280	3	42	下野国小野寺，関の明神に参詣し，奥州江刺郡に祖父河野通信の墓に詣でる
1281	4	43	*5-* 元軍，博多に迫る(弘安の役)。この年，松島，平泉，常陸国をへて武蔵国にはいる
1282	5	44	*3-1* 鎌倉入りを執権時宗一行に阻止される。片瀬をへて三島神社に参詣。*12-8* 北条時宗，鎌倉山之内に円覚寺を創建
1284	7	46	*4-4* 北条時宗死す。閏*4-16* 近江国関寺に参詣。京都にはいり，四条京極の釈迦堂・因幡堂に参詣
1285	8	47	丹後・因幡・伯耆国を遊行ののち，美作国一宮に参詣
1286	9	48	摂津国四天王寺，大和国当麻寺，山城国石清水八幡宮に参詣。このころ，持明院・大覚寺両統迭立の議起こる
1287	10	49	播磨国書写山，備後国一宮，安芸国厳島社に参詣
1288	正応元	50	伊予国の菅生の岩屋を訪う
1289	2	51	讃岐国善通寺・曼陀羅寺に参詣。のち播磨国兵庫の観音堂にはいり，8月23日に没す

日蓮とその時代

西暦	年号	齢	おもな事項
1222	貞応元	1	安房国長狭郡東条郷に出生
1224	元仁元	3	*6-* 北条義時死す。北条泰時，執権となる
1233	天福元	12	天台寺院清澄寺にのぼる
1237	嘉禎3	16	清澄寺道善房を師に出家
1239	延応元	18	*2-* 後鳥羽上皇，隠岐に崩ず。この年，鎌倉で浄土教を学ぶが懐疑す
1242	仁治3	21	このころ，京畿に遊学す
1246	寛喜4	25	*3-* 北条時頼，執権となる
1247	宝治元	26	*6-* 時頼，三浦泰村一族を滅ぼす(宝治合戦)
1252	建長4	31	このころ，安房清澄寺に帰る
1253	5	32	*4-28* 清澄寺で法華信仰を勧奨
1254	6	33	念仏者の地頭東条景信と係争，鎌倉にでて草庵を結ぶ
1257	正嘉元	36	前年に続き，大雨洪水。この年，大地震
1258	2	37	暴風雨のため，諸国の田園損亡，水害甚大，地震・雷発生
1260	文応元	39	「災難興起由来」「災難対治鈔」につぎ，『立正安国論』を著わし，北条時頼に上呈
1261	弘長元	40	鎌倉の浄土教徒と法論，捕えられ，伊豆伊東に流罪
1263	3	42	*5-12* 伊豆流罪を赦される。*11-* 時頼，死す
1264	文永元	43	*11-11* 東条松原で東条景信に襲わる
1268	5	47	*1-* モンゴルの国書到来。*3-* 北条時宗，執権となる。この年，『立正安国論』を幕府要路者にふたたび上呈(2回目の諫暁)
1271	8	50	*9-12* 忍性らに訴えられ逮捕される。竜口の斬首をまぬがれるが，佐渡に流罪(文永8年の法難)
1272	9	51	*2-*『開目抄』を撰述，居を塚原三昧堂から一谷に移される
1274	11	53	*2-14* 佐渡流罪を赦される。平頼綱に蒙古対策を進言(3度目の諫暁)ののち，身延に隠栖。*10-* 蒙古襲来(文永の役)
1276	建治2	55	池上宗仲，日蓮の教えを信奉し父から勘当，のち許される
1278	弘安元	57	前年来の下痢，激しくなる
1279	2	58	*10-* 熱原の信徒，鎌倉に連行される(熱原法難)が忍受を訴える
1280	3	59	*3-* 叡尊，西大寺で敵国降伏を祈る。*11-14* 鎌倉鶴岡八幡宮，炎上す
1281	4	60	*5-* 元軍，博多に迫る(弘安の役)。*7-* 忍性，幕命により攘夷の祈禱を稲村ヶ崎に修す
1282	5	61	*9-8* 身延をでて常陸に向かう。*10-13* 武蔵国池上郷の池上宗仲の邸に死す

佐々木 馨(ささき かおる)
1946年生まれ
北海道大学大学院文学研究科博士課程中退
専攻，日本中世思想史
現在，北海道教育大学名誉教授
主要著書
『中世国家の宗教構造』(吉川弘文館1988)
『アイヌと「日本」』(山川出版社2001)
『北海道仏教史の研究』(北海道大学出版会2004)
『北海道の宗教と信仰』(山川出版社2009)
『日蓮の思想史的研究』(山喜房佛書林2011)

日本史リブレット人 033
日蓮《にちれん》と一遍《いっぺん》
予言と遊行の鎌倉新仏教者
2010年2月25日　1版1刷　発行
2024年12月20日　1版3刷　発行
著者：佐《さ》々《さ》木《き》 馨《かおる》
発行者：野澤武史
発行所：株式会社 山川出版社
〒101−0047　東京都千代田区内神田1−13−13
電話 03(3293)8131(営業)
03(3293)8135(編集)
https://www.yamakawa.co.jp/
印刷所：信毎書籍印刷株式会社
製本所：株式会社 ブロケード
装幀：菊地信義
ISBN 978-4-634-54833-6
・造本には十分注意しておりますが，万一，乱丁・落丁本などがございましたら，小社営業部宛にお送り下さい。
送料小社負担にてお取替えいたします。
・定価はカバーに表示してあります。

日本史リブレット 人

〈白ヌキ数字は既刊〉